FIDELIO 4

Musik in der Grundschule

Autorinnen:
Birgit Braun-Rehm
Antje Hellmann
Dorothea Zigldrum

Illustrationen:
Dunja Schnabel und Susanne Bochem

westermann

Zeichenerklärung:

 Becken
 Claves (Klanghölzer)
 Fingerzimbeln
 Große Trommel
 Guiro (Gurke)
 Handtrommel
 Holzblocktrommel
 Holzröhrentrommel
 Klangbaustein
 Maracas (Rasseln)
 Schellenkranz
 Schellenring
 Schellentrommel
 Triangel

Hier gibt es ein Hörbeispiel auf der CD 1, 2 oder 3.

Bearbeitet alle gelben Kapitel innerhalb eines Schuljahres.

Die Jahreszeitenkapitel könnt ihr beliebig in den Ablauf des Schuljahres einfügen.

Im Lexikon findet ihr Erklärungen zu musikalischen Begriffen und Informationen zu Komponisten. Alle Begriffe, die im Buch **fett** gedruckt sind, könnt ihr direkt im Lexikon nachschlagen.

Gelbe Kapitel

4 – 13
Das fängt ja gut an

14 – 23
Aus der Küche

24 – 33
Bänkelsang und Blechdance

34 – 43
Tierisch musikalisch

44 – 53
In der Oper – im Orchester

54 – 63
Die Reise mit der Zeitmaschine

Jahreszeiten

64 – 73
Manchmal ist Regen schön

74 – 83
Hurra, es schneit

84 – 93
Die Luftpumpe Luftikus

94 – 101
Komm, wir feiern Abschied

Lexikon

102 – 107
Lexikon

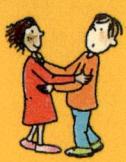

Das fängt ja gut an

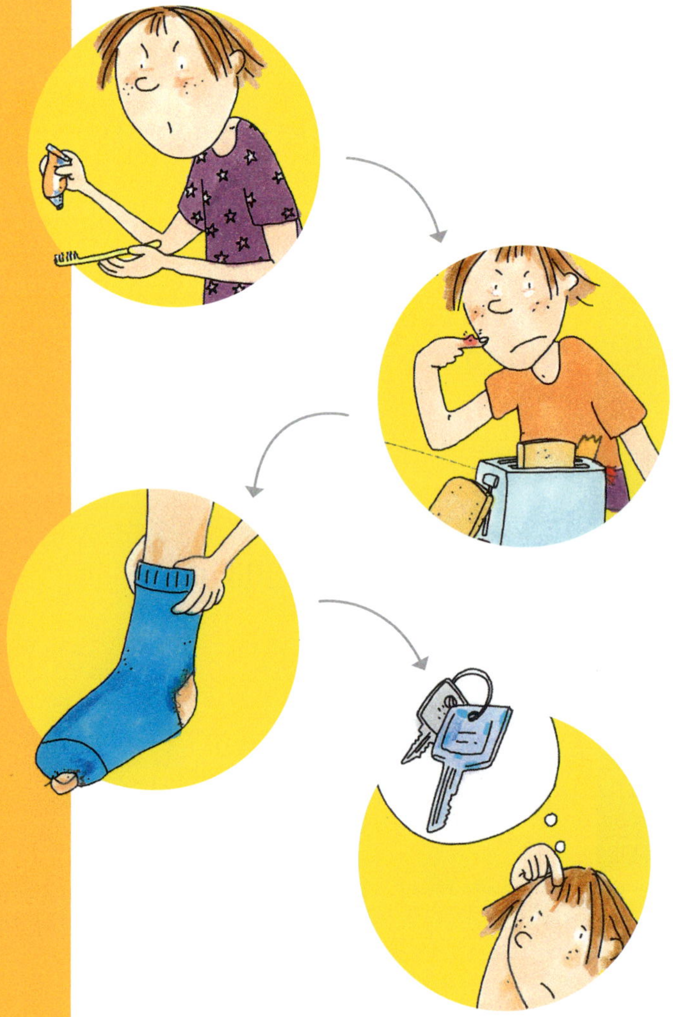

1 Singt das Lied mithilfe der Bilder.

2 Übt den Text des Liedes auswendig. Erfindet zu den einzelnen Szenen des Liedes Gesten und Bewegungen.

Shalalalala

1/1 – 2

Text und Melodie: Fredi Jirovec

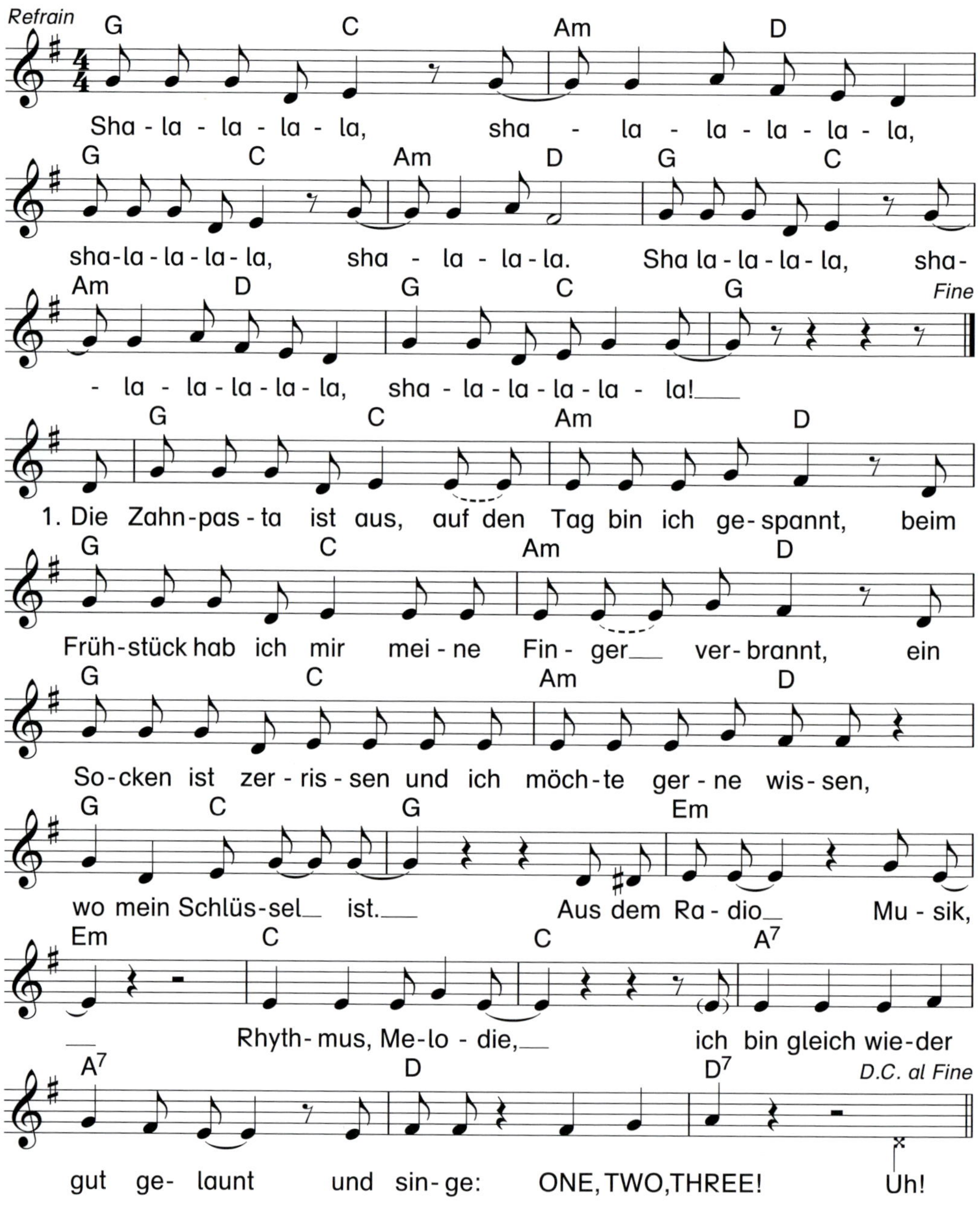
Refrain
G C Am D
Sha - la - la - la - la, sha - la - la - la - la - la,
G C Am D G C
sha-la - la - la - la, sha - la - la - la. Sha la - la - la - la, sha-
Am D G C G Fine
- la - la - la - la - la, sha - la - la - la - la - la!
G C Am D
1. Die Zahn-pas - ta ist aus, auf den Tag bin ich ge- spannt, beim
G C Am D
Früh-stück hab ich mir mei - ne Fin - ger ver- brannt, ein
G C Am D
So - cken ist zer - ris - sen und ich möch - te ger - ne wis - sen,
G C G Em
wo mein Schlüs - sel ist. Aus dem Ra - dio Mu - sik,
Em C C A7
Rhyth- mus, Me - lo - die, ich bin gleich wie - der
A7 D D7 D.C. al Fine
gut ge- launt und sin - ge: ONE, TWO, THREE! Uh!

Die Bilder als Gesprächsanlass nutzen (Worüber ärgerst du dich? Wann macht Musik bei dir gute Laune?); die Strophen des Liedes mithilfe der Bilder (auswendig) singen, sowie textbegleitende Gesten/Bewegungen zum Lied erfinden

Das fängt ja gut an

Shalalalala ...
2. Den Autobus verpasst,
   ich bin eh schon spät dran.
   Ein Auto fährt vorbei,
   durch die Lacke* spritzt mich an.
   Ich seh mit großem Schrecken
   auf der Hose nasse Flecken.
   Heut ist alles Mist!
   Erste Stunde Musik –
   wir lernen ein Lied,
   jeder ist gleich gut gelaunt
   und alle singen mit!

*Lacke = österreichisch für Lache/Pfütze

Shalalalala ...
3. Der Fernseher ist hin
   und im Sparschwein ist kein Geld.
   Ein T-Shirt hab ich an,
   das mir gar nicht gefällt.
   Mein Hamster ist verschwunden
   und ich frage mich seit Stunden:
   Was ist heute los?
   Aber plötzlich Musik –
   geht nicht aus dem Sinn,
   ich bin gleich wieder gut gelaunt
   und singe vor mich hin!

1 Begleitet den Refrain des **Liedes** zweistimmig mit **Stabspielen**.
Die Texte helfen euch, im **Rhythmus** zu bleiben.

Stabspiel 1

Gu - te   Lau - ne!   Gu - ten   Tag!

Stabspiel 2

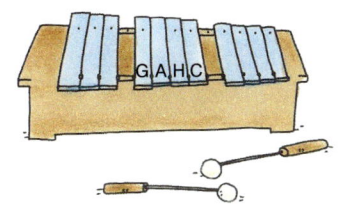

Gu - te   Lau - ne!   Gu - ten   Tag!

Für den Refrain des Liedes eine zweistimmige Begleitung mit Stabspielen erarbeiten;
dabei die jeweils erste Tonfolge dreimal wiederholen und anschließend den Schlusstakt spielen

Das fängt ja gut an

1 Gestaltet zum Lied „Shalalalala" ein Vorspiel. Besprecht die Ideen der vier Aktionskarten und probiert sie gemeinsam aus.

2 Bildet vier Gruppen. Spielt, sprecht und tanzt die Ideen der Karten zunächst einzeln, dann auch gleichzeitig.

Gruppe 1: Handtrommeln

Spielt den gezeigten Trommelrhythmus.
Der Text hilft euch, im Rhythmus zu bleiben.

bum — bum — sha-la-la-la-la

bum — bum — 1 — 2 — 3

Gruppe 2: Tänzerinnen und Tänzer

Tanzt mit Seitanstellschritten.
Denkt euch dazu auch eigene Armbewegungen aus.

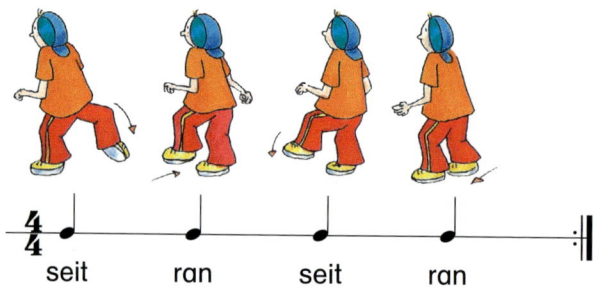

seit — ran — seit — ran

Gruppe 3: Stimmschlagzeug A

Sprecht den Rhythmus deutlich.
Spielt dazu auf eurem Körper Schlagzeug.

m — dz — m — m — dz

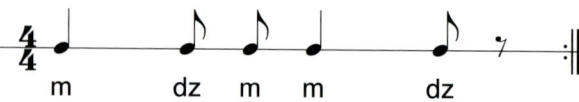

„m" = an die Brust patschen

„dz" = auf die Hand klatschen

Gruppe 4: Stimmschlagzeug B

Sprecht schnell und deutlich. Schüttelt dabei mit euren Armen unsichtbare Maracas.

tschi-ki tschi-ki tschi-ki tsch

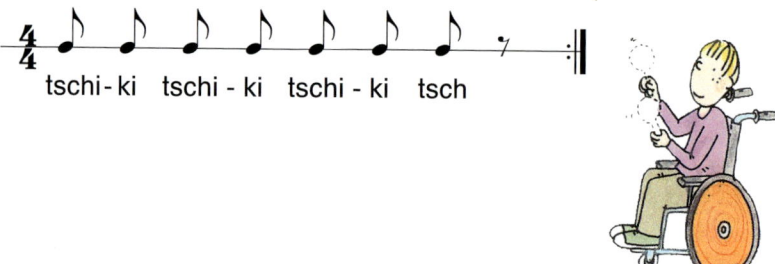

Zum Lied „Shalalalala" in Kleingruppen ein mehrstimmiges Vorspiel gestalten; einen Trommelrhythmus erarbeiten (Gruppe 1) und dazu koordinierte Bewegungen (Gruppe 2) ausführen; die Sprechstimme als Stimmschlagzeug einsetzen und diese mit Bodypercussion unterstützen (Gruppen 3 und 4)

Das fängt ja gut an

Ehrlich gesagt: Ich kann die Noten für das Vorspiel weder lesen noch spielen. Kannst du mir vielleicht helfen?

Ja klar! Pass genau auf: Die Notenwerte sind Zeichen, die dir die Länge des Klangs anzeigen.

Das heißt, ich trommle „shalala" schneller als „1, 2, 3". Stimmt's?

Genau, du hast es schon verstanden. Komm, wir probieren es mal aus.

Warte, was sind denn das für Zeichen?

Das sind Pausenwerte. Da erklingt nichts.

Na, dann mal los!

① Bei den Trommlern kommen keine ganzen Noten vor.

② Das Stimmschlagzeug A enthält nur Viertelnoten.

③ Im Trommelrhythmus gibt es keine Achtelpausen.

④ Das Stimmschlagzeug B hat am Ende eine halbe Pause.

⑤ Die Tanzschritte gehen in Viertelnoten.

1 Prüfe die Aussagen auf den Karten: Welche Aussagen sind richtig, welche falsch?

2 Besprich deine Ergebnisse mit einem Partnerkind.

3 Stellt eure Lösungen in der Klasse vor und sprecht darüber.

Kennst du die Notenwerte und die Pausenwerte?
Die Notenwerte zeigen dir, wie lange der Klang dauert. Für jeden Notenwert gibt es einen entsprechenden Pausenwert. In den Pausen erklingt nichts.

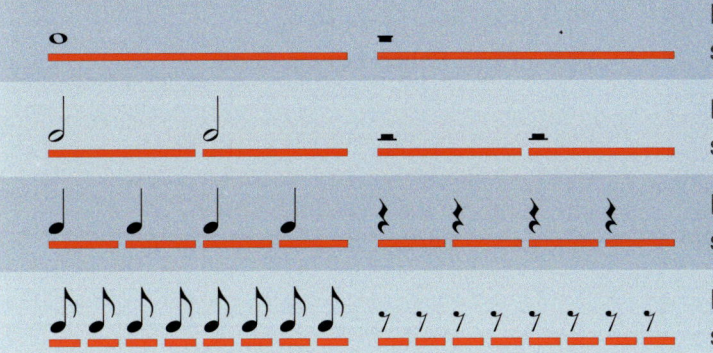

Die ganze Pause dauert so lang wie eine ganze Note.

Die halbe Pause dauert so lang wie eine halbe Note.

Die Viertelpause dauert so lang wie eine Viertelnote.

Die Achtelpause dauert so lang wie eine Achtelnote.

Den Comic als Gesprächsanlass nutzen, um die unterschiedlichen Noten- und Pausenwerte zu thematisieren; die Noten- und Pausenwerte des Vorspiels (Seite 6) in Einzelarbeit untersuchen; im Austausch mit einem Partnerkind die Ergebnisse reflektieren und diese anschließend in der Klasse besprechen; dabei das Fachvokabular vertiefen und festigen

Das fängt ja gut an

Auf uns 1/3

Text und Melodie: Andreas Bourani,
Julius Hartog, Thomas Olbrich

Wer friert uns diesen Moment ein
Besser kann es nicht sein
Denkt an die Tage, die hinter uns liegen
Wie lang wir Freude und Tränen schon teilen

Hier geht jeder für jeden durchs Feuer
Im Regen stehen wir niemals allein
Und solange unsere Herzen uns steuern
Wird das auch immer so sein

Ein Hoch auf das, was vor uns liegt
Dass es das Beste für uns gibt
Ein Hoch auf das, was uns vereint
Auf diese Zeit (Auf diese Zeit)

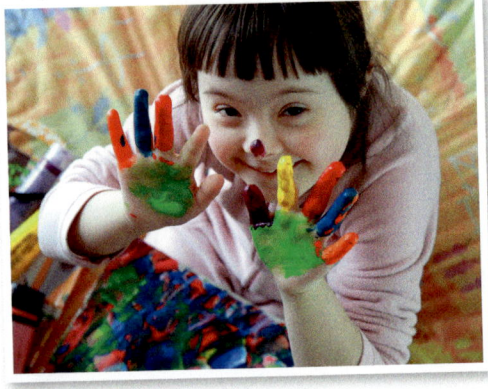

Ein Hoch auf uns (uns)
Auf dieses Leben
Auf den Moment
Der immer bleibt
Ein Hoch auf uns (uns)
Auf jetzt und ewig
Auf einen Tag
Unendlichkeit

Wir haben Flügel, schwör'n uns ewige Treue
Vergolden uns diesen Tag
Ein Leben lang ohne Reue
Vom ersten Schritt bis ins Grab

Ein Hoch auf das, was vor uns liegt
Dass es das Beste für uns gibt
Ein Hoch auf das, was uns vereint
Auf diese Zeit (Auf diese Zeit)

*Endorphine = körpereigene Glückshormone

Ein Hoch auf uns (uns)
Auf dieses Leben
Auf den Moment
Der immer bleibt
Ein Hoch auf uns (uns)
Auf jetzt und ewig
Auf einen Tag
Unendlichkeit

Ein Feuerwerk aus Endorphinen*
Ein Feuerwerk zieht durch die Nacht
So viele Lichter sind geblieben
Ein Augenblick, der uns unsterblich macht
Unsterblich macht

Ein Hoch auf das, was vor uns liegt
Dass es das Beste für uns gibt
Ein Hoch auf das, was uns vereint
Auf diese Zeit (Auf diese Zeit)

Ein Hoch auf uns (uns)
Auf dieses Leben
Auf den Moment
Der immer bleibt
Ein Hoch auf uns (uns)
Auf jetzt und ewig
Auf einen Tag
Unendlichkeit

Ein Hoch auf uns
Ein Feuerwerk aus Endorphinen*
Ein Hoch auf uns
Ein Feuerwerk zieht durch die Nacht
Ein Hoch auf uns
So viele Lichter sind geblieben
Auf uns

Das Hörbeispiel CD 1/3 (A. Bourani u.A.: Auf uns) hören und – auch mithilfe der Fotos – über den Inhalt des Liedes sprechen (Welche tollen gemeinsamen Momente gibt bzw. gab es in deinem Leben?); beim Hören und Mitlesen die Form des Liedes mitverfolgen und die Form des Liedes (rote und blaue Teile als Refrain) bewusst wahrnehmen

Das fängt ja gut an

1 Hört den Song „Auf uns" von der CD. 1/3
Welche besonderen Momente gab es in deinem Leben? Erzähle.

2 Stellt euch in einem großen Kreis auf.
Gestaltet zu den roten und blauen Teilen des Liedes ein Klatschspiel.

Rote Textteile:
Schnipst im Puls des Liedes mit den Fingern:
rechts, rechts, links, links ...
Macht euch an der Textstelle „Auf diese Zeit" für das
Klatschspiel bereit: Streckt die linke Hand geöffnet nach links.
Legt die rechte Hand geöffnet auf die Hand des Nachbarkindes.

Blaue Textteile:
Nun beginnt das Klatschspiel. Ein Kind fängt an.
Es klatscht zweimal im Puls des Liedes mit der
rechten Hand auf die rechte Hand des Nachbarkindes.
Dieses gibt die zwei Klatscher weiter.
So wandert das Klatschen im Kreis herum,
bis der blaue Liedteil endet.

①    ②

? **Was hat Andreas Bourani mit der Fußball-Weltmeisterschaft zu tun?**
Im Sommer 2014 landete Andreas Bourani mit seinem Popsong „Auf uns" überraschend einen riesigen Erfolg. Sein Lied traf genau die Stimmung vieler Menschen, die sich für die Fußball-Weltmeisterschaft begeisterten. Im Song geht es um die Freude am Miteinander und um das gemeinsame Durchhalten auch in schwierigen Zeiten.
Das Lied wurde zu vielen WM-Spielen der deutschen Mannschaft im Fernsehen, Radio und auf unzähligen Festen gespielt. Als die deutsche Nationalmannschaft dann tatsächlich den Weltmeistertitel holte, passte das Lied schließlich perfekt!

3 Magst du den Song?
Welche Musik gefällt dir?

Zu den roten und blauen Textteilen des Liedes ein Puls-/Metrumspiel ausführen; dazu in einem großen Stehkreis das Klatschspiel der Seite erlernen; mithilfe des Informationstextes das Lied in historische und biografische Zusammenhänge einordnen; Zusatzangebot: Informationen zum Lied im Internet abrufen

Das fängt ja gut an

1 Nimm mithilfe der Tipps eine lockere, gute Singhaltung ein.

① Stehe mit den Beinen hüftbreit. Richte dich auf. Stell dir vor, du trägst eine Krone auf dem Kopf.

② Spüre beide Fußsohlen. Sie stehen fest auf dem Boden und verwurzeln dich in der Erde.

③ Wippe sanft und locker in den Knien. Bleibe dabei aufrecht, damit deine Krone nicht vom Kopf rutscht.

④ Setze dich zum Singen auf die Stuhlkante. Achtung: Es ist verboten, die Beine übereinanderzuschlagen.

Stimmungskanon(e) 🔴 1/4

Text und Melodie: Rita Mölders

2 Singt das Lied laut und leise, langsam und schnell. Achtet genau darauf, was die Noten euch zeigen.

Beachte die Bindebögen: Hier singst du die Töne gebunden.

Beachte die Pünktchen: Diese Töne singst du kurz und stößt sie einzeln an.

Beachte die Zeichen für die Lautstärke: Hier wirst du erst lauter, dann wieder leiser.

Vor Singen des Liedes den Körper lockern und eine Körperspannung aufbauen; das Lied locker und anstrengungsfrei gestalten; dabei alle Intervalle, Dreiklänge und Tonschritte/Tonleitern intonatorisch sicher singen; beim Singen die Dynamik (crescendo/decrescendo) und die Artikulation (gebunden = legato; abgesetzt = staccato) beachten

Das fängt ja gut an

This little light of mine ⬤ 1/5–6

Text und Melodie: mündlich überliefert

im Swingfeeling ♪♪ = ♪♪

1. This lit-tle light of mine, I'm gon-na let it shine.
   This lit-tle light of mine, I'm gon-na let it shine.
   This lit-tle light of mine, I'm gon-na let it shine.
   Let it shine, let it shine, let it shine.

2. Everywhere I go, I'm gonna let it shine.
   Everywhere I go, I'm gonna let it shine.
   This little light of mine …

3. This little light of mine, I'm gonna let it shine.
   This little light of mine, I'm gonna let it shine.
   This little light of mine …

Der Gospel „This little light of mine" erzählt davon, dass jeder einzelne Mensch die Welt ein wenig heller und freundlicher machen kann.

1 Übt das Lied einstimmig und mehrstimmig.

2 Gestaltet das Lied abwechslungsreich: Ein Kind singt die grün markierten Textteile solistisch. Alle anderen Textteile werden gemeinsam gesungen.

3 Begleitet das Lied zweistimmig mit Maracas und Handtrommeln. Spielt bei den Kreuznoten einen Stoppschlag. Landet dazu mit den Fingerspitzen auf dem Trommelfell und federt nicht zurück.

tschi-ki tschi-ki tschi-ki tschi-ki   dum (stopp) dum (stopp)

? Was ist eigentlich ein „Gospel"?
Ein Gospel ist aus dem Englischen übersetzt eigentlich eine „gute Nachricht". Doch haben die Gospel-Lieder zunächst einen eher düsteren Hintergrund: Vor über 200 Jahren wurden viele Afrikaner als Sklaven nach Amerika gebracht. Dort mussten sie harte Arbeiten verrichten. Um die Arbeit ertragen zu können, schöpften die Sklaven in Liedern und Tanz Kraft für den Alltag. Dabei übernahmen sie die englische Sprache und die Religion der Amerikaner und mischten diese Elemente mit Melodien und Rhythmen aus ihrer Heimat. Lange nach der Abschaffung der Sklaverei blieben die Gospels für viele Menschen eine Kraftquelle im Alltag. Heute erfreuen sich die Gospels nicht nur in christlichen Gemeinden, sondern auch in zahlreichen Chören großer Beliebtheit.

Den Text des Liedes (be-)sprechen und den religiös-ethischen Hintergrund des Gospels mithilfe des Textes erfahren; das Lied zunächst einstimmig, dann mit (roter) Überstimme zweistimmig singen; die grünen Liedteile mit einem Vorsänger/einer Vorsängerin gestalten; das gesamte Lied mit Maracas und Handtrommeln begleiten

Das fängt ja gut an

Aufsteh'n, aufeinander zugeh'n

Text und Melodie: Clemens Bittlinger

Einleitung/Schluss

Dap dap da be du da___ dap, dap dap da be du da.___

Dap dap da be du da___ dap, dap dap da be du da.___

Refrain

Wir wol-len auf-steh'n, auf-ei-nan-der zu-geh'n, von-ei-nan-der ler-nen mit-ei-nan-der um-zu-geh'n.

Auf-steh'n, auf-ei-nan-der zu-geh'n und uns nicht ent-fer-nen, wenn wir et-was nicht ver-steh'n.

1. Je-der hat was ein-zu-brin-gen, die-se Viel-falt, wun-der-bar. Neu-e Lie-der woll'n wir sin-gen, neu-e Tex-te — laut und klar!

Wir wollen aufsteh'n ...

2. Diese Welt ist uns gegeben,
wir sind alle Gäste hier.
Wenn wir nicht zusammen leben,
kann die Menschheit nur verlier'n.

Wir wollen aufsteh'n ...

3. Dass aus Fremden Nachbarn werden,
das geschieht nicht von allein.
Dass aus Nachbarn Freunde werden,
dafür setzen wir uns ein.
Wir wollen aufsteh'n ...

Dap dap ...

12 Die Bilder und den Text des Liedes als Gesprächsanlass nutzen (Wie gelingt ein freundliches Miteinander? Was kann jede/r Einzelne dazu beitragen? Was bedeutet „Toleranz"? Was ist „Vielfalt"?); das Lied gemeinsam singen; beim Strophenbeginn (Ton D) auf eine lockere, anstrengungsfreie Tongebung achten

Das fängt ja gut an

Das rockt 🔴 1/9

Text, Rhythmus und Spielidee:
Richard Filz

Refrain

4/4 Bum bum klatsch! Bum bum klatsch! Dum dum dum dum dum, oh yeah!

1. Wir sind wir, wir ha-ben's drauf! — Das rockt!
   Mit uns geht es steil berg-auf! — Das rockt!
   Wir sind ei-ne Su-per-trup-pe! Das rockt!
   Was ihr denkt, das ist uns schnup-pe! Das rockt!

Bum bum klatsch! ...

2. Heute läuft hier alles glatt! ... Das rockt!
   Heute macht uns keiner platt! ... Das rockt!
   Hat noch jemand eine Frage? ... Das rockt!
   Rhythmus hilft in jeder Lage! ... Das rockt!

Bum bum klatsch! ...

1 Sprecht den Text rhythmisch sicher. Patscht bei den Kreuznoten leise auf eure Oberschenkel.

2 Sprecht den Text des Refrains und begleitet ihn mit **Körperinstrumenten**.

3 Bildet für die Strophen zwei Gruppen: Eine Gruppe spricht den Text, die zweite Gruppe begleitet den Vers mit den gezeigten Körperinstrumenten.

Spielst du Schlagzeug? Dann kannst du den Sprechvers auch mit deinem Instrument begleiten. Das klingt richtig gut!

Das Sprechstück ausdrucksvoll sprechen und mit Bodypercussion begleiten; dazu die abgebildete Bodypercussion-Folge erlernen und diese zunächst zum Refrain ausführen; später die Bodypercussion-Folge von einer Begleitgruppe auch zu den Strophen spielen lassen; Zusatzangebot: den Vers mit einem Schlagzeug begleiten

Aus der Küche

Fruit canon 1/10 – 11

Text und Melodie: mündlich überliefert

1. F | Gm
Man - go, man - go, man - go, man - go.
Man - go, man - go, man - go. man - go.

2. F
Ki - wi, ki - wi, ki - wi. Ki - wi, ki - wi, ki - wi.
Gm
Ki - wi, ki-wi, ki-wi. Ki - wi, ki-wi, ki-wi. - wi, kiwi, ki-wi.

3. F | Gm
A - na - nas, ba - na - na, a - na - nas — mmmh!

Wow, lecker! Wo wachsen diese Früchte eigentlich?

Hmm ... bei uns jedenfalls nicht.

Die Fotos als fächerübergreifenden Gesprächsanlass nutzen (Woher kommen diese Früchte? Welche Früchte wachsen bei uns?); das Lied kennenlernen und auswendig singen können; dabei die drei Liedabschnitte im Notenbild mitverfolgen; die Fachbegriffe Wiederholung und Kanon – ggf. auch mithilfe des Fidelio-Lexikons – sichern

Aus der Küche

1 Begleitet das gesamte Lied mit Xylofonen, Trommeln und Maracas.

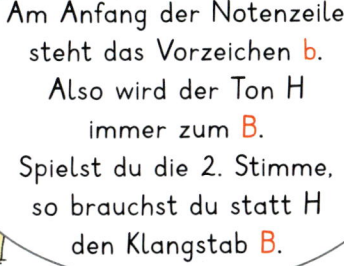

Am Anfang der Notenzeile steht das Vorzeichen b. Also wird der Ton H immer zum B. Spielst du die 2. Stimme, so brauchst du statt H den Klangstab B.

Stabspiel 1

Man-go, man-go, man-go, man-go. Man-go, man-go, man-go.

Stabspiel 2

Man-go, man-go, man-go, man-go. Man-go, man-go, man-go.

dum   dum   ka

tschi-ki tschi-ki tschi-ki tschi-ki

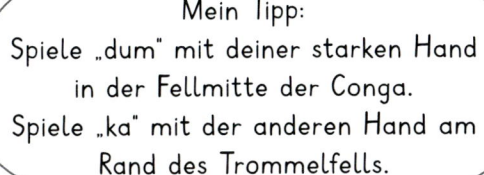

Mein Tipp: Spiele „dum" mit deiner starken Hand in der Fellmitte der Conga. Spiele „ka" mit der anderen Hand am Rand des Trommelfells.

2 Bildet drei Gruppen. Jede Gruppe singt einen Liedteil und bewegt sich dazu. Übt die Teile zunächst einzeln und präsentiert sie dann auch gleichzeitig.

① man-go, man-go

Spielt zum ersten Teil des Liedes mit Körperinstrumenten

② seit an seit kick

Tanzt in Teil 2 mit je zwei Seitanstellschritten abwechselnd nach rechts und links.

③ Ananas, banana … Mmmh!

Dreht euch elegant um euch selbst. Tanzt bei „Mmh" frei.

Zum „Fruit canon" eine mehrstimmige Begleitung mit Stabspielen, Congas/Trommeln und Maracas erarbeiten; beim Spiel der Conga unter Berücksichtigung der Links- und Rechtshändigkeit zwei Klänge bzw. Anschläge („dum", „ka") unterscheiden; die drei Liedteile mit Bodypercussion und Tanzbewegungen gestalten, präsentieren und reflektieren

Aus der Küche

1 Höre vier verschiedene Küchen-**Rhythmen** von der CD.
Welches Kücheninstrument hörst du? 🔘 1/12–15

2 Höre die vier Hörbeispiele erneut. 🔘 1/12–15
Welche Noten passen zu welchem Hörbeispiel?

3 Besorgt euch die gezeigten Kücheninstrumente und bildet damit vier Gruppen.
Spielt die vier Rhythmen erst einstimmig, dann mehrstimmig.
Die Texte helfen euch, im Rhythmus zu bleiben.

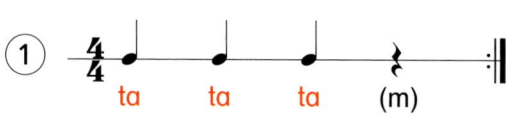
ta   ta   ta   (m)

tschi-ki tschi-ki tschi-ki tschi-ki

dong   (m - m)

ta   (m)   ta   ta

Betont jeweils die erste Note des Taktes.
Spielt sie etwas kräftiger.

4 Spielt ein **Rondo** mit euren Kücheninstrumenten.

Spielt den vierstimmigen Küchen-Rhythmus gemeinsam.
Lasst nach jedem Durchgang ein Kind ein **Solo** einfügen:
Das ausgewählte Kind darf frei auf seinem Kücheninstrument spielen. Es zeigt deutlich an, wenn sein Solo beendet ist und der gemeinsame Teil wieder beginnen soll.

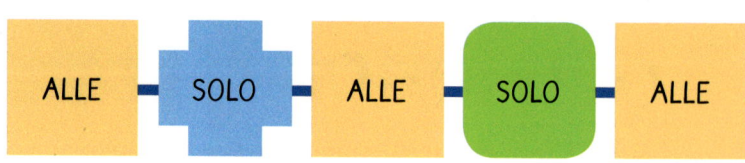

5 Bildet Kleingruppen.
Erfindet mit Kücheninstrumenten ein eigenes Musikstück. Baut euer Musikstück so auf, dass es sich gut merken und leicht vortragen lässt.

6 Schreibt euer Musikstück auf.

Die Hörbeispiele CD 1/12–15 erst den Bildern A–D zuordnen (Welches Kücheninstrument hörst du?), dann den vier Notenzeilen/Rhythmen zuordnen; mit Kücheninstrumenten musizieren; ein Rondo (A-B-A-C-A-D ...) aus festen Rhythmen und solistischen Improvisationen gestalten; in Kleingruppen eigene Musikstücke komponieren und diese notieren

Aus der Küche

1 Hilf dem Koch und löse die Aufgaben.
Notiere deine Ergebnisse auf einem Blatt Papier.

Schaut mal! Diese Zettel habe ich unter dem alten Küchenschrank gefunden ...

Fall 1: Verhexte Taktarten
Welche Taktarten sind richtig, welche falsch?

Fall 2: Abgerissene Taktarten
Welche Taktart musst du ergänzen?

Fall 3: Leere Takte
Welche Noten passen?

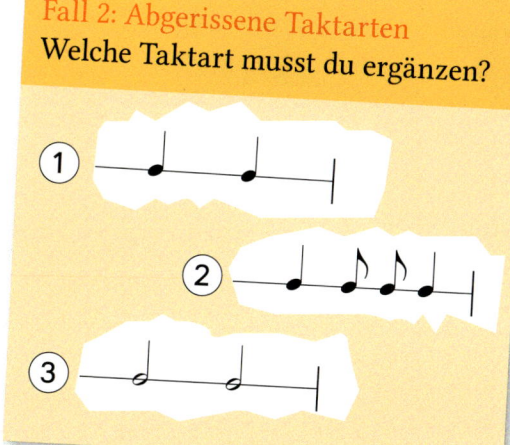

Also, pass auf: Unsere Küchen-Rhythmen stehen im Viervierteltakt.

Ja genau, da dauert jeder Takt so lang wie vier Viertelnoten.

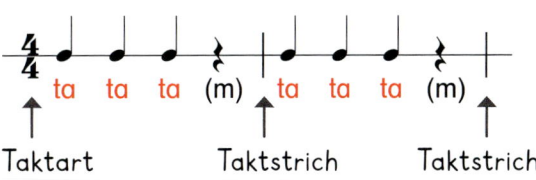

Was ist eine Taktart?
In einem Musikstück fasst der Takt die verschiedenen Notenwerte und Pausenwerte zu Einheiten zusammen. Jeder Takt ist durch Taktstriche begrenzt.

Die beiden Zahlen am Anfang der Notenzeile zeigen die Taktart an. Je nach Taktart enthält der Takt unterschiedlich viele Schläge. Die erste Zählzeit in einem Takt ist immer betont, die weiteren Zählzeiten sind unbetont.

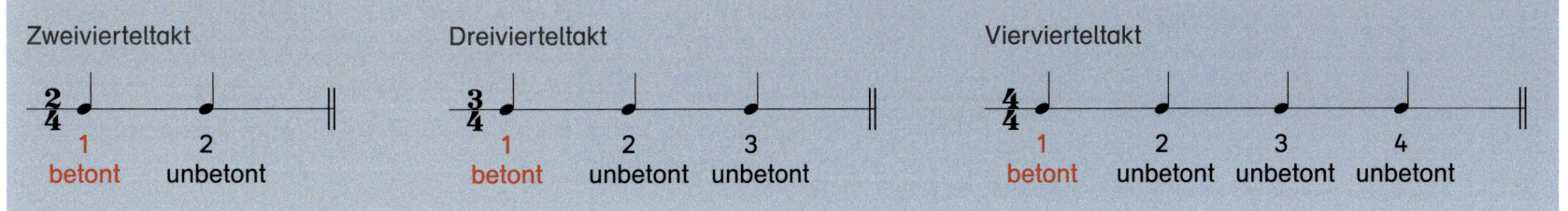

Die Taktarten (2/4-Takt, 3/4-Takt, 4/4-Takt) in spielerischen Übungen unterscheiden und sicher benennen; dazu den Text des Informationskastens lesen und die Taktarten mit Bodypercussion gestalten (betonte Zählzeit: patschen, unbetonte Zählzeiten: schnipsen); Zusatzangebot: weitere Taktarten-Rätsel erstellen bzw. lösen

Aus der Küche

Kennst du vielleicht den Film „Ratatouille"?
Dann weißt du, dass dieser Film überwiegend in einer Küche spielt, genauer gesagt in der Küche eines sehr berühmten Feinschmecker-Restaurants in Paris.
Der Film erzählt von der Freundschaft zwischen dem armen Küchenjungen Linguini und der kleinen Ratte Rémy. Rémy hat ein sehr außergewöhnliches Talent: Er besitzt einen ausgeprägten Geruchssinn und kann hervorragend kochen. Mit Rémys Unterstützung wird es der Küchenjunge Linguini, der im Kochen wenig begabt ist, noch weit bringen.
Doch wir schauen zurück auf den Anfang der Geschichte: Rémy ist begeistert, als er die große, wunderbare Küche erblickt. Davon hatte er schon immer geträumt …

① Es war himmlisch! Rémy saß über der Küche auf einem Balken und beobachtete aus sicherer Entfernung das Treiben in der Großküche. Er entdeckte den Küchenchef, viele weitere Köche und auch einen Küchenjungen.

② Plötzlich passierte unten in der Küche etwas Sonderbares: Der Küchenjunge machte sich heimlich am Suppentopf zu schaffen. Rémy war empört: So eine Unverschämtheit! Der Junge salzte, würzte, rührte und probierte die Suppe. Das machte Rémy rasend! Bestimmt würde er die Suppe verderben. Wie konnte es der Küchenjunge nur wagen? Rémy wurde immer wütender. Es musste etwas passieren! Jemand musste diesen Küchenjungen stoppen!
Da geschah es: Vor lauter Aufregung stürzte Rémy hinunter in die Küche!

③ Wohin jetzt bloß?
In der Küche durfte Rémy auf keinen Fall entdeckt werden. Eine Ratte hatte in einer Küche wirklich nichts verloren! So begann eine wilde Jagd durch die Küche. Rémy flitzte unter den Schränken durch und wich einem Servierwagen und dem Feuer aus. Endlich konnte er der gefährlichen Situation entkommen! Er flüchtete in einen anderen Raum. Hier war es hübsch und gemütlich. So ein Glück! Rémy hatte sich in das edle Restaurant gerettet.

1 Lies genau, was Rémy erlebt.

2 Wähle einen der drei Texte aus und gestalte dazu ein passendes Bild. Lass die anderen Kinder raten, zu welchem Text du gemalt hast.

3 Sammelt eure Bilder und hängt sie in der Reihenfolge der Geschichte auf.

Aus der Küche

Was wäre ein Film ohne Filmmusik?
Für den Film „Ratatouille" hat „La Rat Band", auf Deutsch „Die Ratten-Band", die Musik des Filmkomponisten **Michael Giacchino** eingespielt. An der Einspielung der Filmmusik waren über 130 Musiker beteiligt.

Warum gibt es eigentlich Filmmusik?
Bevor der Tonfilm erfunden wurde, gab es viele Stummfilme. Damals spielte zu einer Filmvorführung häufig ein Pianist am Klavier. Die Musik sollte sicher auch das Rattern des Filmprojektors übertönen, aber vor allem bewirkte sie, dass sich die Zuschauer die Stimmung des Films besser vorstellen konnten. Auch heute noch macht Filmmusik die Handlung des Films interessanter: So wirken zum Beispiel traurige Szenen durch ruhige, langsame Musik noch viel trauriger.

1 Höre dir zu den drei Textausschnitten drei Ausschnitte der Filmmusik an. 1/16–18
Zu welchem Teil der Geschichte passt welche Musik?
Lege beim Hören einen kleinen Gegenstand auf das passende Feld.

(1) Rémy findet es himmlisch, die Küche heimlich von oben zu beobachten.

(2) Rémy ärgert sich immer heftiger, dass der Küchenjunge die Suppe verdirbt. Zum Schluss fällt er in die Küche hinunter.

(3) Rémy flitzt durch die Küche, um nicht entdeckt zu werden. Er entkommt den Gefahren und landet im gemütlichen Restaurant.

2 Falte ein Blatt Papier so, dass drei Spalten entstehen.
Höre die drei Musikstücke in der richtigen Reihenfolge.
Wie klingt die Musik?
Schreibe zu jedem Hörbeispiel passende Adjektive auf.

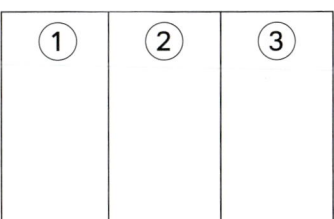

3 Arbeitet zu zweit: Vergleicht eure Wortsammlungen und sprecht darüber. Einigt euch für jedes Hörbeispiel auf zwei Begriffe, die ihr besonders passend findet. Schreibt die zwei Begriffe auf Wortkarten.

4 Besprecht eure Ergebnisse in der Klasse.
Veröffentlicht dazu eure Begriffe aus der Partnerarbeit und tauscht euch über die Ergebnisse aus.

Aus der Küche

Ten green bottles ⦿ 1/19

Text und Melodie: mündlich überliefert,
Spielidee: Dorothea Zigldrum

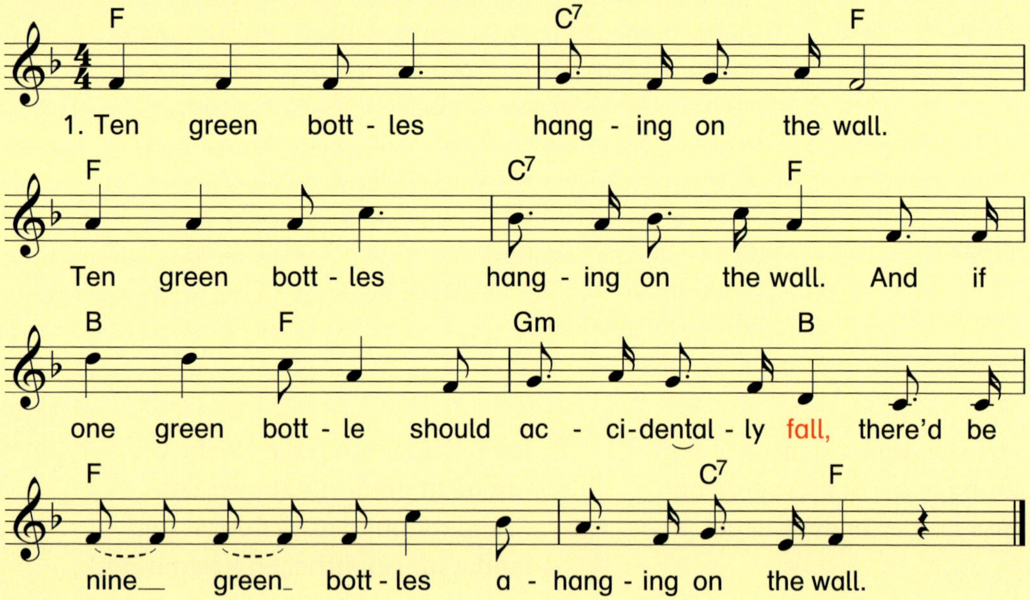

1. Ten green bott-les hang-ing on the wall.
Ten green bott-les hang-ing on the wall. And if
one green bott-le should ac-ci-dental-ly fall, there'd be
nine green bott-les a-hang-ing on the wall.

2. Nine green bottles …
3. Eight green bottles …
4. Seven green bottles …
5. Six green bottles …
6. Five green bottles …
7. Four green bottles …
8. Three green bottles …
9. Two green bottles …

10. One green bottle hanging on the wall.
one green bottle hanging on the wall.
And if one green bottle should accidentally fall,
there'd be nothing but the smell
a-hanging on the wall.

1 Stellt euch in einem Kreis auf und singt das Lied.
Gebt dabei rhythmisch eine Kunststoffflasche weiter.

Ten green bott-les hang-ing on the wall …

Wer die Flasche bei fall
in der Hand hält, der „fällt herunter".
Dieses Kind muss sich
auf den Boden setzen.

Das englische Lied „Ten green bottles" kennen- und auswendig singen lernen; zum Lied ein Metrumspiel durchführen;
dazu beim Singen des Liedes eine Kunststoffflasche rhythmisch weitergeben; in jedem Durchgang fällt – analog zum Liedtext – ein Kind „herunter" und scheidet aus

Aus der Küche

Stäbchenmusik 1/20–21

Text, Melodie und Spielidee:
Siglinde Hartl-Stegemann

In China, Japan, Korea, Vietnam und Thailand essen fast alle Menschen mit Stäbchen.

1 Besorgt euch asiatische Ess-Stäbchen. Spielt Rhythmen: Ein Kind spielt vor, alle anderen Kinder spielen nach.

2 Singt das Lied und spielt mit euren Ess-Stäbchen mit.

Kniet euch in einem engen Kreis auf den Boden.
Jedes Kind erhält ein Paar Ess-Stäbchen.
Gebt eure Ess-Stäbchen im A-Teil so weiter,
wie die Noten und Bilder es euch zeigen.

Sprecht den B-Teil des Liedes gemeinsam.
Lasst ein Kind oder mehrere Kinder
zu eurer Sprechzeile einen freien Rhythmus
mit den Ess-Stäbchen erfinden.

Wechselt den A-Teil und den B-Teil des Liedes mehrfach ab.

Mit Ess-Stäbchen beliebige Rhythmen erfinden; diese vor- und nachspielen; das Lied einstimmig singen (schwarze Stimme); im A-Teil des Liedes die Ess-Stäbchen rhythmisch im Kreis weitergeben, im B-Teil des Liedes über vier Takte freie Stäbchen-Rhythmen erfinden; Zusatzangebot: das Lied mehrstimmig singen

Aus der Küche

Lecker, lecker, lecker 1/22

Text: August van Bebber,
Melodie: Detlev Jöcker

1. Ku-chen schmeckt nur mit viel Salz, Ap-fel-mus mit Speck und Schmalz. Fi-sche kocht man in Ka-kao, O-ran-gen-saft ist him-mel-blau.

Refrain
Le-cker, le-cker, le-cker, le-cker. Hmm! Das schmeckt ja fa-bel-haft. I-git-te-git-te-git-te-gitt! Wer hat sich das nur aus-ge-dacht? Le-cker, le-cker, le-cker, le-cker. Hmm! Das schmeckt ja fa-bel-haft. I-git-te-git-te-git-te-gitt! Das schmeckt ja wirk-lich grau-en-haft.

Igittegitt!

Hmm! Lecker!

Das Lied mithilfe der Bilder singen; den Inhalt des Liedes als Gesprächsanlass nutzen: Was magst du gerne? Was findest du weniger lecker?

Aus der Küche

2. Erdbeer'n in Tomatensaft,
   Senf im Obstsalat gibt Kraft.
   Joghurt brät man sich mit Reis,
   Orangensaft ist kreideweiß.
   Lecker, lecker, lecker, lecker ...

3. Pudding schmeckt mit Ketchup toll,
   Eis in Suppe wundervoll.
   Auf Bratwurst muss man Sahne sprüh'n,
   Orangensaft ist dunkelgrün.
   Lecker, lecker, lecker, lecker ...

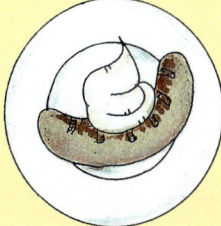

1 Singt das Lied mithilfe der Bilder.

2 Singt den Refrain des Liedes in zwei Gruppen:
Gruppe A singt leise und schwärmerisch den blauen Text,
Gruppe B singt laut und angewidert den roten Text.

3 Wählt für den Refrain Instrumente aus.
Mit welchen Instrumenten begleitet ihr die blauen
Textteile, mit welchen Instrumenten die roten?
Begründet eure Meinung.

> Leise heißt in der Musik übrigens piano.

> Laut heißt in der Musik übrigens forte.

Den Refrain des Liedes mithilfe der Vortragsbezeichnungen (laut = forte, leise = piano) ausdrucksvoll und kontrastreich singen;
für die gegensätzliche Gestaltung der blauen und roten Textteile passende Instrumente begründet auswählen und diese zur Begleitung einsetzen

Bänkelsang und Blechdance

Der Ritter Giselher 1/23–24

Text: Ulrike Meyerholz,
Melodie: Werner Beidinger

1. Vor etwa tausend Jahren war's, es ist schon lange her,
   da lebte auf der Starkenburg der Ritter Giselher.
   Refrain:
   Ratata tam, ratata tam, ratata tam tam tam.
   Ratata tam, ratata tam, ratata tam tam tam.

2. Er kämpfte für den Kaiser
   und auch für die Ritterehr
   mit Lanze, Schwert und einem Schild –
   die Rüstung war so schwer.
   Ratata tam …

3. Die Frau an seiner Seite
   bangte um ihn manche Stund
   zu Hause auf der Starkenburg,
   ihr Nam war Kunigund.
   Ratata tam …

4. Doch wenn er dann nach Hause kam,
   geflohn aus dem Verließ,
   dann gab es gleich ein großes Fest
   mit Wein und Schwein am Spieß.
   Ratata tam …

1 Übt die **Melodie** des Liedes. Achtet beim Singen auf die Tonsprünge in den Strophen und die Tonschritte im Refrain.

Mithilfe der Abbildungen über Ritter in verschiedenen Epochen und Situationen sprechen; die Kinder ggf. zu weiterer Recherche anregen; das Ritterlied lesen, besprechen und singen; den Tonhöhenverlauf mit der Hand mitzeigen; Tonschritte und Tonsprünge in der Melodieführung unterscheiden und diese intonationssicher singen

Bänkelsang und Blechdance

1 Gestaltet das Lied von Ritter Giselher als mittelalterlicher Bänkelsänger. Zeichnet zu jeder Strophe ein passendes Bild und singt dazu.

? Was ist ein Bänkelsänger?
Als Zeitung, Rundfunk und Fernsehen noch nicht erfunden waren, brachten Sänger und Musikanten mit ihrem „Bänkelsang" wichtige Nachrichten und unterhaltsame, oft auch schaurige Geschichten unter die Leute.
Für den Vortrag stellte sich der Sänger auf eine Bank, ein „Bänkel", um von allen Zuschauern gut gesehen und gehört zu werden. Während der Bänkelsänger singend seine Geschichte vortrug, zeigte er mit einem Stab das Geschehen auf großen Bildtafeln mit.

Stabspiele sind übrigens auch Schlaginstrumente.

2 Begleitet den Refrain des Liedes als mittelalterliche Musikanten mit **Schlaginstrumenten**. Wählt selbst Schlaginstrumente aus und spielt bei jedem ◯.

? Gab es im Mittelalter schon Schlaginstrumente?
Schlaginstrumente sind vermutlich die ältesten Instrumente der Menschheit. Schon im Mittelalter wurden Trommeln angefertigt, die oft mit Schlägeln gespielt wurden. Heute gibt es eine große Vielfalt an Schlaginstrumenten, die im Klang und in der Spielweise sehr variieren. Im Orchester ist die Familie der Schlaginstrumente riesig: Es gibt über 100 verschiedene Instrumente, die je nach Musikstück zum Einsatz kommen. Neben Pauken, Trommeln, Becken und Triangel gehören heute auch Stabspiele, Glocken oder der große Gong zur Familie der Schlaginstrumente.

3 Begleitet das gesamte Lied zusätzlich mit **Stabspielen**. Spielt den oberen Ton mit dem rechten Schlägel, den unteren Ton mit dem linken Schlägel.

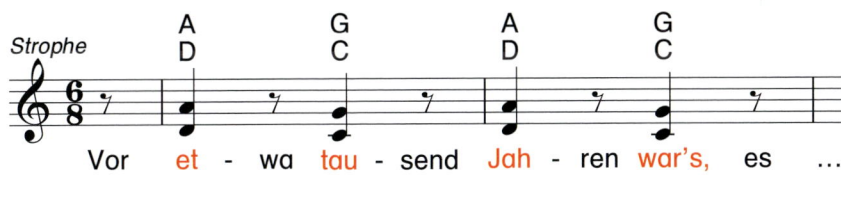

Bänkelsang und Blechdance

Bis in die heutige Zeit faszinieren Ritter- und Liebesgeschichten aus alten Zeiten gleichermaßen Kinder und Erwachsene. Schriftsteller, Maler, Bildhauer und Komponisten regen diese Geschichten immer wieder zur Arbeit an.
So wurde zum Beispiel die unglückliche Liebesgeschichte von Romeo und Julia, die verfeindeten Adelsfamilien angehörten, vielfach aufgeschrieben, mit Musik vertont und aufgeführt.

Sehr bekannt und beliebt wurde die Ballettfassung des **Komponisten Sergej Prokofjew**, die er 1935 komponierte. In seinem Ballett beschreibt Prokofjew, wie sich Romeo und Julia auf einem Ball kennenlernen, welcher im Haus von Julias Eltern stattfindet. Musikalisch beeindruckend und einprägsam lässt Prokofjew das festliche Tanzfest mit einem „Tanz der Ritter" eröffnen.

1 Höre den Tanz der Ritter von der CD. 1/25
Überlege, welcher Ritter für dich am besten zu der Musik passt. Begründe deine Wahl.

4 Welche Instrumente spielen beim Tanz der Ritter mit? Kennzeichne die Instrumente, die du hörst, durch Auflegen kleiner Gegenstände.

2 Wie bewegen sich die Ritter auf der Tanzfläche? Probiere ihre Bewegungen zur Musik aus.

3 Wähle Wörter aus, die die Bewegungen gut beschreiben.

laut | tänzerisch | streng | ? | leise | schwerfällig

5 Höre die Musik erneut von der CD. Finde die gezeigten Melodien und höre heraus, wer sie spielt.

Bläser? | Streicher?

6 Zeige die Melodien der Bläser und der Streicher mit der Hand mit. Achte genau darauf, wann die Melodie höher oder tiefer wird.

Bänkelsang und Blechdance

Welche **Blasinstrumente** kennt ihr? Was wisst ihr über sie? Forscht weiter.

① Bildet Kleingruppen.

② Wählt ein Blasinstrument aus.

Klarinette   Tuba   Horn   ?

③ Sucht Informationen, Texte und Bilder über das gewählte Instrument. Bringt auch Musikstücke mit.

④ Gestaltet ein Plakat zu eurem Instrument.

⑤ Stellt eure Ergebnisse in der Klasse vor und sprecht darüber.

Gab es im Mittelalter bereits Trompeten?
Bereits in der Frühzeit – also schon lange vor der Zeit der Ritter – gab es Blasinstrumente, die zum Beispiel aus Muscheln, Holz oder Tierhörnern gefertigt waren. Diese Instrumente dienten den Menschen in erster Linie als Verständigungsmittel.
In der Zeit der Ritter wurde die Trompete vor allem bei wichtigen Anlässen am Königshof gespielt. Mit ihrem hellen, strahlenden Klang war sie sehr berühmt und beliebt. Die damalige Trompete war jedoch noch nicht gewunden, sondern lang gestreckt.

Meine Trompete sieht anders aus.

Die Instrumentenfamilie der Blasinstrumente vielfältig und selbstständig erkunden; dazu in Kleingruppen ein Blasinstrument auswählen und umfangreiche Informationen über das Instrument (Bilder, Texte, Hörbeispiele usw.) sammeln; die Ergebnisse in der Klasse präsentieren und darüber sprechen

Bänkelsang und Blechdance

Hast du schon einmal eine Burg oder ein Schloss besichtigt? Dann weißt du vielleicht, dass die meisten Burgen tatsächlich im Zeitalter der Ritter, also im Mittelalter, erbaut wurden. Um sich vor Feinden zu schützen, entstanden damals riesige Burganlagen, von denen aus die Ritter das Land verteidigten. Die Burgen war schlicht gebaut und das Leben dort war ungemütlich.
Es gab weder Strom noch Wasser.
Später, mit Erfindung der Feuerwaffen, wurden die Ritter und ihre Ritterburgen zum Schutz vor Feinden überflüssig.

Nun waren es die reichen, adligen Menschen, die für ein prachtvolles Leben die Burgen umbauen oder neue Schlösser errichten ließen. Man nannte diese Zeit die Zeit der Renaissance.

Auf glanzvollen Festen wurden die Gäste mit Musik und Tanz unterhalten. Neben den strengen, höfischen Tänzen waren volkstümliche Kreistänze, wie zum Beispiel der französische „Branle", sehr beliebt.

1 Hört den Tanz von der CD. 1/26
Spielt den A-Teil und den B-Teil mit Körperinstrumenten mit.

Komm, wir zählen einmal, wie oft sich der A-Teil und der B-Teil abwechseln!

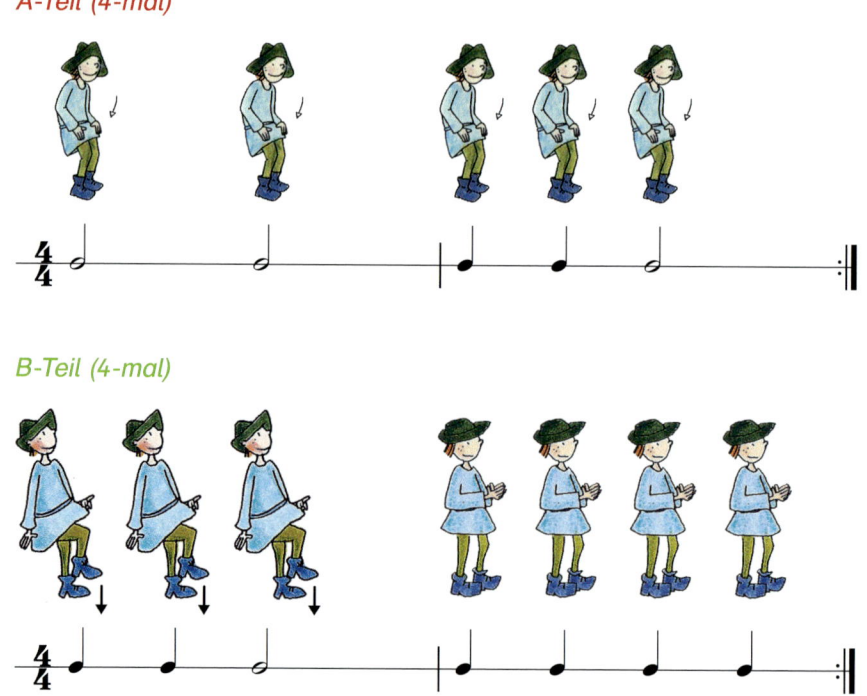

Mithilfe des Textes über Burgen und Schlösser im Wandel der Zeit sprechen; mit dem Hörbeispiel CD 1/26 (T. Arbeau: Branle des chevaux) einen französischen Tanz aus der Zeit der Renaissance kennenlernen; als Tanzvorbereitung einen Mitspielsatz mit Bodypercussion durchführen; dabei die zweiteilige Form des Musikstücks bewusst differenzieren

Bänkelsang und Blechdance

1 Tanzt den französischen „Branle des chevaux" so, wie die Karten es euch zeigen.
Stellt euch zunächst paarweise in einem großen Kreis auf.

🔘 1/26

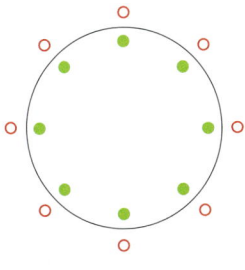

Was hat der Tanz mit Pferden zu tun?
Das Wort „chevaux" stammt aus dem Französischen und heißt „Pferde".
Da die Stampfer im B-Teil die Tänzer an ungeduldige Pferde erinnerten, die ihren Hafer nicht mehr erwarten konnten, wurde der Tanz auch „Branle des chevaux", also „Pferdebranle", genannt.

A-Teil: Tanzt an den Händen gefasst (4-mal)

Tanzt den A-Teil und den B-Teil immer abwechselnd.

B-Teil: Löst die Hände und tanzt abwechselnd am Platz (2-mal)

Mithilfe der Tanzbeschreibung die tradierte Form des Tanzes entschlüsseln; dazu Kreisaufstellung, Zweihandfassung, Tanzschritte und Drehungen beschreiben; den Branle jeweils zu zweit tanzen – zunächst ohne Musik, später zum Hörbeispiel CD 1/26 (T. Arbeau: Branle des chevaux)

Bei Ritter Rost auf der Eisernen Burg herrscht mal wieder heftiger Trubel. Ein Filmteam aus Amerika ist aufgetaucht, um auf der Burg einen Film zu drehen. Natürlich möchte Ritter Rost eine wichtige Rolle spielen.

Was kriege ich denn jetzt für eine Rolle?
ROST
Later, junger Freund.

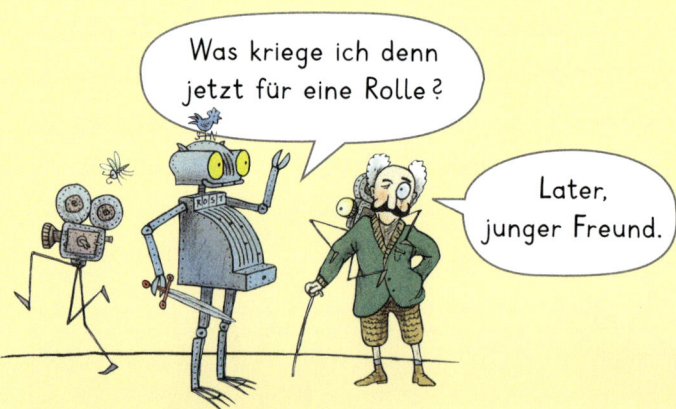

Nach langem Hin und Her bekommt Ritter Rost seine Rolle, doch so hatte er sich das Ganze nicht vorgestellt. Gemeinsam mit Jennifer Goldfish, der Tanzlehrerin des Filmteams, übt er für den Schluss des Films einen Tanz, den „Blechdance“.

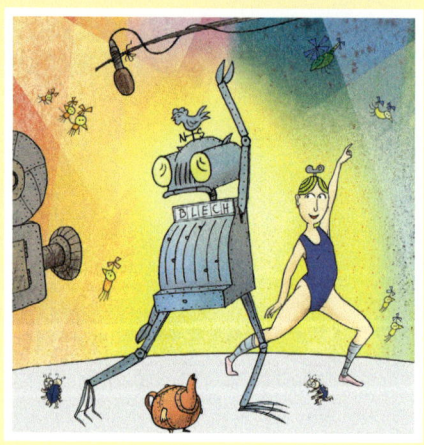

BLECH

Blechdance

CD 1/27

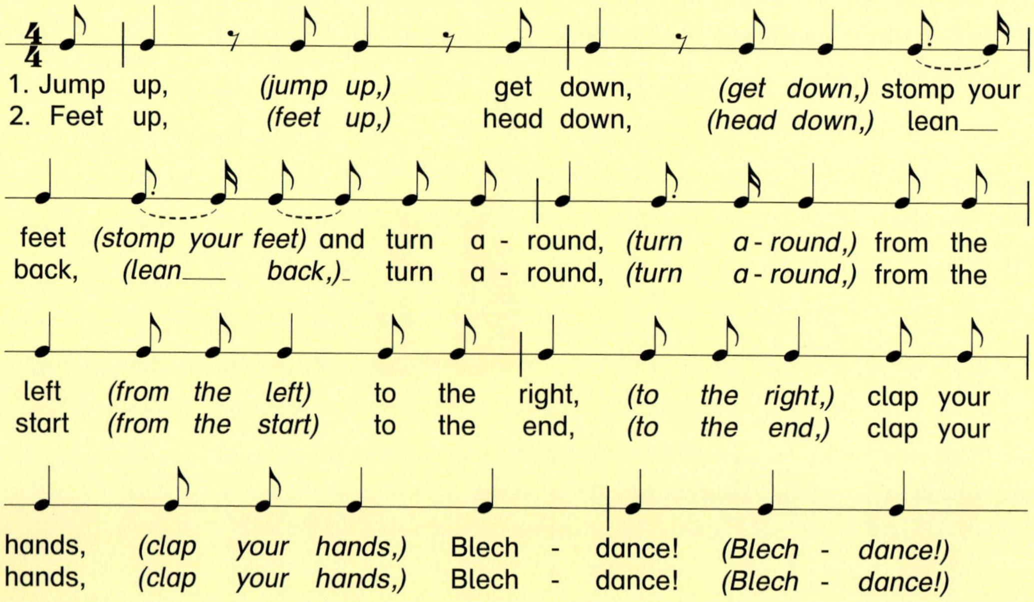
1. Jump up, (jump up,) get down, (get down,) stomp your
2. Feet up, (feet up,) head down, (head down,) lean
feet (stomp your feet) and turn a - round, (turn a - round,) from the
back, (lean back,) turn a - round, (turn a - round,) from the
left (from the left) to the right, (to the right,) clap your
start (from the start) to the end, (to the end,) clap your
hands, (clap your hands,) Blech - dance! (Blech - dance!)
hands, (clap your hands,) Blech - dance! (Blech - dance!)

1. Strophe:

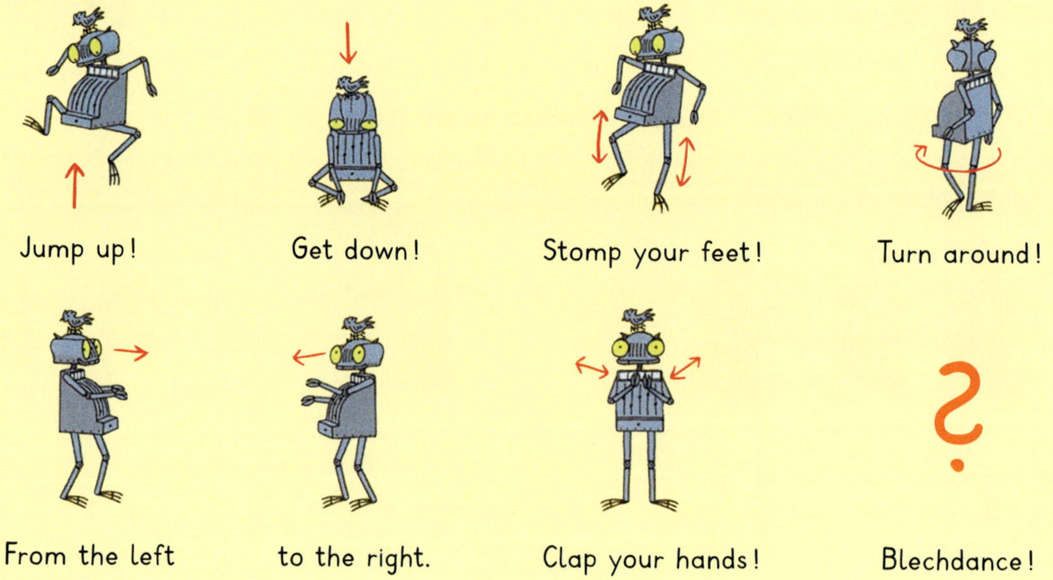
Jump up!
Get down!
Stomp your feet!
Turn around!
From the left
to the right.
Clap your hands!
?
Blechdance!

Anhand des Textes sowie der Abbildungen über die Situation von Ritter Rost sprechen; die Strophen des Liedes mithilfe des Hörbeispiels CD 1/27 rhythmisch sicher sprechen; die Bilder des Ritters als Texthilfe für die Strophen nutzen und textbegleitende Gesten/Bewegungen ausführen; für „Blechdance“ eine eigene Bewegung erfinden

Bänkelsang und Blechdance

Text und Melodie: Felix Janosa

Refrain

Lift your bod-y from the seat, move your feet to the beat,
you can dance with your friends, clap your hands!
Lift your bod-y from the seat, move your feet to the beat,
you can move to the groove of the mu-sic!

(rhythmisch frei gesprochen)
You've got me dancing,
you've got me dancing, baby.
You've got me dancing,
dancing to the Blechdance.

Great! Everybody! Come on!
Clap your hands!
Now stop talking, please. Whose turn is it?
Now come on, it's your turn.

1 Sprecht den Text der Strophen rhythmisch. Ein Kind (oder eine kleine Gruppe) spricht vor, alle anderen Kinder sprechen nach.

2 Führt zu den beiden Strophen die passenden Bewegungen durch. Die Bilder von Ritter Rost helfen euch. Erfindet im Refrain freie Tanzbewegungen.

2. Strophe:

Feet up! | Head down! | Lean back! | Turn around!

From the start | to the end. | Clap your hands! | Blechdance!

Wie könnt ihr „Blechdance" darstellen? Denkt euch eine eigene Bewegung aus.

Den Refrain des Liedes im ersten Teil („Lift your body ...") mitsingen, im Zwischenteil („You've got me dancing ...") rhythmisch frei sprechen; den Refrain mit freien Bewegungen gestalten; dabei verschiedene Raumebenen und Raumwege nutzen; Zusatzangebot: weitere Ritter-Rost-Erlebnisse (Lieder, Bücher, Bilder usw.) vorstellen und darüber sprechen

Bänkelsang und Blechdance

Seit es Burgen und Schlösser gibt, faszinieren Geschichten von Geistern, Gespenstern und Vampiren sowohl Erwachsene als auch Kinder.
In einigen dieser Geschichten geht es wirklich gruselig zu, doch viele Geschichten sind sehr lustig und humorvoll.

1 Hört den Grusel-Song von der CD und erzählt, was dort alles passiert. Findet ihr den Grusel-Song eher lustig oder unheimlich?

2 Singt den Grusel-Song gemeinsam. Damit das Lied spannend klingt, könnt ihr an manchen Textstellen eure Stimme verändern.
Die Wörter aus dem Wortfeld „sprechen" helfen euch:

3 Singt das Lied mit den unterschiedlichen Stimmungen. Achtet dabei auf die **Lautstärke** und das **Tempo** eurer Stimmen.
Lasst ein Kind zu eurem Gesang pantomimisch als Sängerin oder Sänger auftreten.

Der Grusel-Song 1/28

Text und Melodie: Werner Beidinger

im Tango-Stil

Refrain

Das ist der Gru-sel-Song, den sin-gen die Vam-pi-re.
Sie sin-gen Gru-sel-Songs von Zwöl-fe bis um Vie-re.
Das ist der Gru-sel-Song und plötz-lich dann ein Schrei:
Sie kom-men auch bei dir vor-bei! *Fine*

1. Es kann dich tref-fen, wenn du mal al-lein zu Hau-se bist
o-der in der Schu-le ei-ne gro-ße Pau-se ist.
Er kann bei-ßen, wenn du mor-gens früh auf-stehst
o-der ganz al-lei-ne in den Kel-ler gehst! *D. C. al Fine*

Bänkelsang und Blechdance

Das ist der Grusel-Song …

2. Große Vampire haben überall schon Blut geleckt,
   auch bei Leuten, die sich ganz besonders gut versteckt.
   Ein Vampir will sich im Leben nie blamier'n –
   auch in der Straßenbahn, da kann es dir passier'n.

Das ist der Grusel-Song …

3. Sie beißen dich auch unterwegs, wenn du ins Kino willst,
   oder nachts, wenn du am Kühlschrank deinen Hunger stillst.
   Auch dem Lehrer können sie nicht widersteh'n,
   Frauchen und Hundchen trifft es oft beim Gassigeh'n.

1 Bastelt euch aus Karton und einem Gymnastik-Stab einen Stock-Vampir.

2 Begleitet den Refrain des **Liedes** so:

▼ = mit dem Stock-Vampir auf den Boden klopfen

↗ = den Stock-Vampir in die Höhe fliegen lassen

> ▼   ▼
> Das ist der Grusel-Song, den singen die Vampire.
> ▼   ▼
> Sie singen Grusel-Songs von Zwölfe bis um Viere.
> ▼   ↗
> Das ist der Grusel-Song und plötzlich dann ein Schrei:
> ▼   ▼
> Sie kommen auch bei dir vorbei!

3 Gestaltet den Refrain als „Vampir-Tanz". Während der Strophen können sich alle Stock-Vampire ausruhen.

VAMPIR-TANZ
Stellt euch im Kreis auf.
Reicht nach jedem Klopfer
den Stock-Vampir zum rechten
Nachbarkind weiter.
Lasst eure Vampire auch einmal
links herum tanzen.

> Mein Tipp:
> Wenn ihr den Vampir hochfliegen lasst, könnt ihr auch einen kurzen Schrei erklingen lassen.

Einen Stock-Vampir basteln und mit diesem zum Refrain des Liedes ein Pulsspiel durchführen; dazu den gleichmäßigen Puls des Liedes spüren und mitspielen; das gesamte Lied als „Vampir-Kreistanz" gestalten; dabei Strophe und Refrain bewusst differenzieren

Tierisch musikalisch

Morgens nach dem Aufstehen streckt sich der Farmer Old Joe ausgiebig und gähnt.

Ah!

Er läuft die Treppe hinunter, weil es an der Tür klingelt.

f, f, f ...

„*Gu-ten Mor-gen!*", begrüßt Old Joe seinen Nachbarn.

Gu-ten Mor-gen!

Sie erzählen sich eine Weile, was es alles Neues gibt.

*bla – bla – bla ...
bli – bla – bli – bla ...
blu – bla – blu ...*

Jetzt aber schnell! Der Tag beginnt und die Tiere müssen versorgt werden. Der Farmer lässt den Traktor an und fährt auf die Wiese zum Futterholen.

*tuk tuk tuk
tuk
tuk
tuk*

Auf dem Rückweg besucht Old Joe seine Bienenstöcke.

*ssss
sssss*

Jetzt noch die Ziegen füttern. Mit dem Schnellsprechvers geht das richtig flott.

Zwei zornige Ziegen zerren an einem Zeitungsblatt!

So, nun aber nach Hause! Ehe Old Joe das Haus betritt, wischt er sich die Grashalme von den Kleidern.

fft – fft – fft

Bei einer Tasse Tee ruht er sich aus. Old Joe schaut aus dem Fenster und kann es nicht glauben: Ist das nicht ein Känguru, das da gerade vorbeihüpft?

*Oh!
Ah!*

1 Lest die Geschichte abschnittsweise und trainiert dabei gemeinsam eure Sprech- und Singstimme.

2 Führt das Stimmtraining auch in Partnerarbeit durch: Ein Kind liest vor, das andere Kind trainiert.

Tierisch musikalisch

Halt das Känguru fest 1/29–30

Text: Kurt Hertha,
Melodie: Rolf Harris

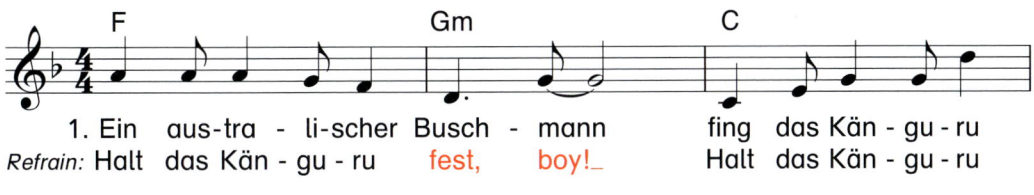

1. Ein australischer Buschmann fing das Känguru ein, schubidubida, plötzlich machte es husch – dann, und der Buschmann sprang hinterdrein.

Refrain: Halt das Känguru fest, boy! Halt das Känguru fest, schubidubida! Halt das Känguru fest, boy! Halt das Känguru fest!

2. „Wart, ich werde dich kriegen!",
   sprach der Farmer Old Joe,
   schubidubida,
   mit dem größten Vergnügen
   boxt das Tier ihn k.o.
   Halt das Känguru fest, boy! ...

3. Als ein blonder Matrose
   nach dem Känguru griff,
   schubidubida,
   boxt es ihn aus der Hose
   und verschwand auf dem Schiff.
   Halt das Känguru fest, boy! ...

4. Auf dem Schiff gab's kein Schlafen,
   jeder suchte das Tier,
   schubidubida,
   erst im Hamburger Hafen
   sprang es über die Pier.
   Halt das Känguru fest, boy! ...

5. Wie die Presse berichtet,
   ist das Känguru hier,
   schubidubida,
   einer hat es gesichtet,
   gleich steht's da in der Tür.
   Halt das Känguru fest, boy! ...

Bei uns in Australien wird Bambus sehr vielseitig genutzt. Höre mal meine klingende Schrapröhre.

1 Baut euch aus Bambus eine Schrapröhre und erprobt eigene Spielweisen und Klänge.

2 Singt das Lied. Streicht bei den Wörtern *fest* und *boy* mit dem Stab über euer Instrument.

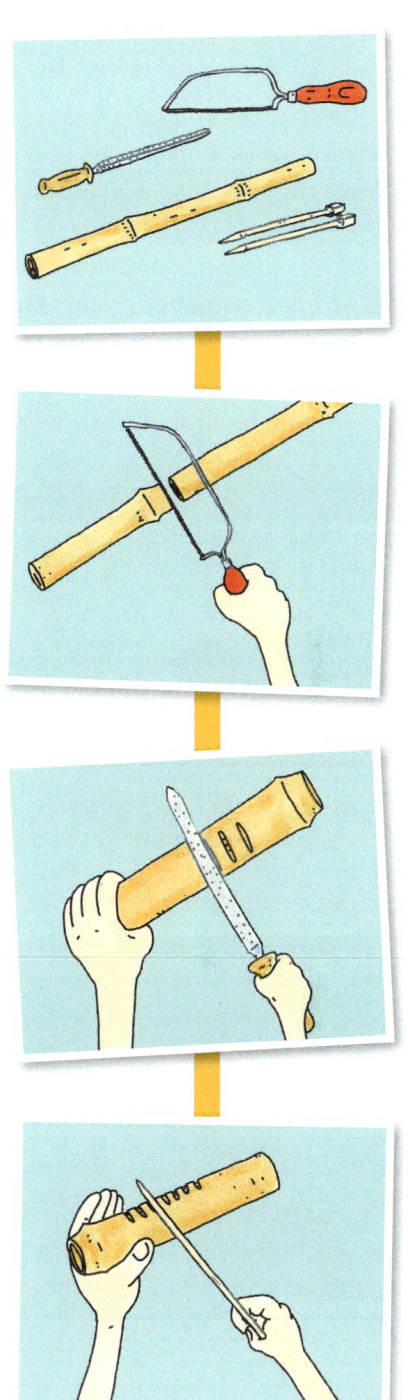

Das Lied singen; mithilfe der Bastelanleitung eine „Schrapröhre" aus Bambus bauen und mit den Klangmöglichkeiten dieses Guiro-Instruments experimentieren; rote Begriffe des Liedes („fest", „boy") mitspielen; Zusatzangebot: eigene Rhythmen und Klänge erfinden und diese als Vor-, Zwischen- oder Nachspiel einfügen

Tierisch musikalisch

„Tierisch interessiert" zeigte sich vor vielen, vielen Jahren auch der französische **Komponist Camille Saint-Saëns**. Er hatte großen Spaß daran, Stimmen und Bewegungen von Tieren mit Instrumenten nachzuahmen. So komponierte Saint-Saëns im Jahr 1886 ein ganzes Tierkonzert, das er „Le carnaval des animaux", auf Deutsch „Der Karneval der Tiere" nannte.

Saint-Saëns verbot zunächst die öffentliche Aufführung seiner Musik, da er sie etwas schlicht und albern empfand. So wurde „Der Karneval der Tiere" erst nach dem Tod von Camille Saint-Saëns aufgeführt. Die 14 kleinen Stücke gehören mittlerweile zu den bekanntesten und beliebtesten Musikstücken von Camille Saint-Saëns.

1 Höre von der CD zwei Musikstücke aus dem „Karneval der Tiere". 1/31–32
Welchem der beiden Stücke gab Saint-Saëns deiner Meinung nach den Namen „Kängurus"?

2 Beschäftige dich mit dem Hörstück „Kängurus". Höre die Musik noch einmal und folge den Aktionen auf den Karten. 1/32

① Wie viele Kängurus hörst du? Male ein passendes Bild.

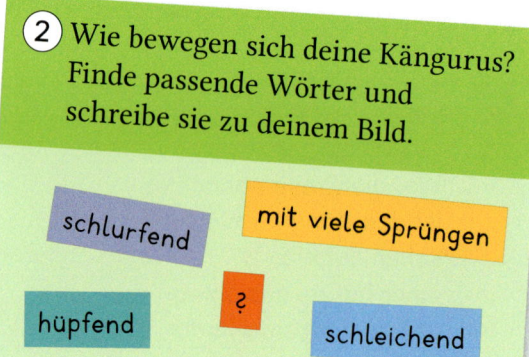

② Wie bewegen sich deine Kängurus? Finde passende Wörter und schreibe sie zu deinem Bild.

schlurfend — mit viele Sprüngen — hüpfend — ? — schleichend

③ Welchen Weg hüpfen die Kängurus? Bewege deinen Stift zur Musik – so erhältst du automatisch die Spur der Kängurus.

„Mit einem dicken Filzstift geht es am besten."

④ Suche dir ein Partnerkind. Vergleicht eure Ergebnisse: Passen eure Bilder und Spuren gut zur Musik?

„Deine Spur finde ich richtig gut!"

⑤ Sammelt die verschiedenen Ergebnisse in der Klasse.

„Zu welchem Tier könnte das zweite Musikstück passen? Male auch dieses Tier und versuche, die Spur des Tieres aufzuzeichnen."

Die Hörbeispiele CD 1/31–32 (Ausschnitte aus: C. Saint-Saëns: Karneval der Tiere) hören; mithilfe der Aktionskarten das Musikstück „Kängurus" analysieren; dabei besonders auf die Bereiche Lautstärke, Tempo und Tonhöhe achten; zur Musik eine grafische Notation aufschreiben; die Ergebnisse präsentieren und reflektieren

Tierisch musikalisch

1 Höre von der CD erneut das Musikstück von den „Kängurus". 🔊 1/32
Welche Noten passen zum Anfang des Musikstücks?

2 Prüfe die Noten der Känguru-Musik ganz genau. Welche Aussagen sind richtig, welche falsch? Kennzeichne richtige Aussagen durch Auflegen kleiner Plättchen.

1. Mein Känguru-Stück wurde für zwei Klaviere komponiert.
2. Mein Känguru-Stück beginnt im Zweivierteltakt.
3. Mein Känguru-Stück besteht überwiegend aus Achtelnoten.
4. Mein Känguru-Stück enthält sehr viele Viertelpausen.
5. Mein Känguru-Stück enthält viele ganze Noten.
6. Mein Känguru-Stück beginnt im Viervierteltakt.

3 Diskutiere und vergleiche deine Ergebnisse mit einem Partnerkind.

4 Stellt eure Lösungen in der Klasse vor und sprecht darüber.

Das Hörbeispiel CD 1/32 (C. Saint-Saëns: Kängurus) hören und den zugehörigen Notenausschnitt (Notenbeispiel 1 oder 2) benennen; dabei die Verbindung von Klangerlebnis und Notation beschreiben; nach der „Ich-Du-Wir"-Methode die Känguru-Noten untersuchen; dabei das Wissen über Noten- und Pausenwerte sowie Taktarten vertiefen

Tierisch musikalisch

1 Übt für das Musikstück „Der Elefant" einen Mitspielsatz mit **Boomwhackers**, Fingerzimbeln und Guiros. 1/31

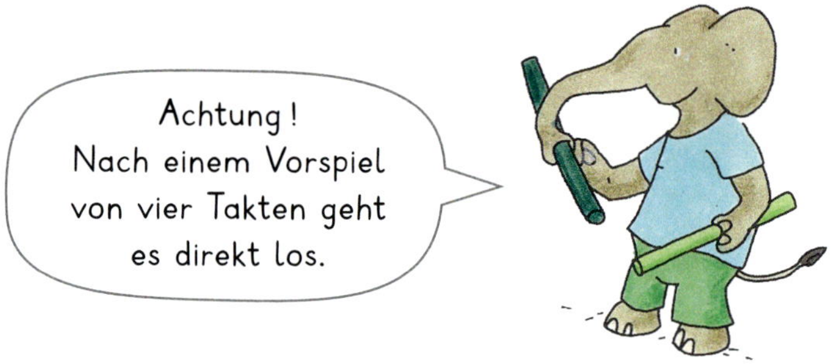

Achtung! Nach einem Vorspiel von vier Takten geht es direkt los.

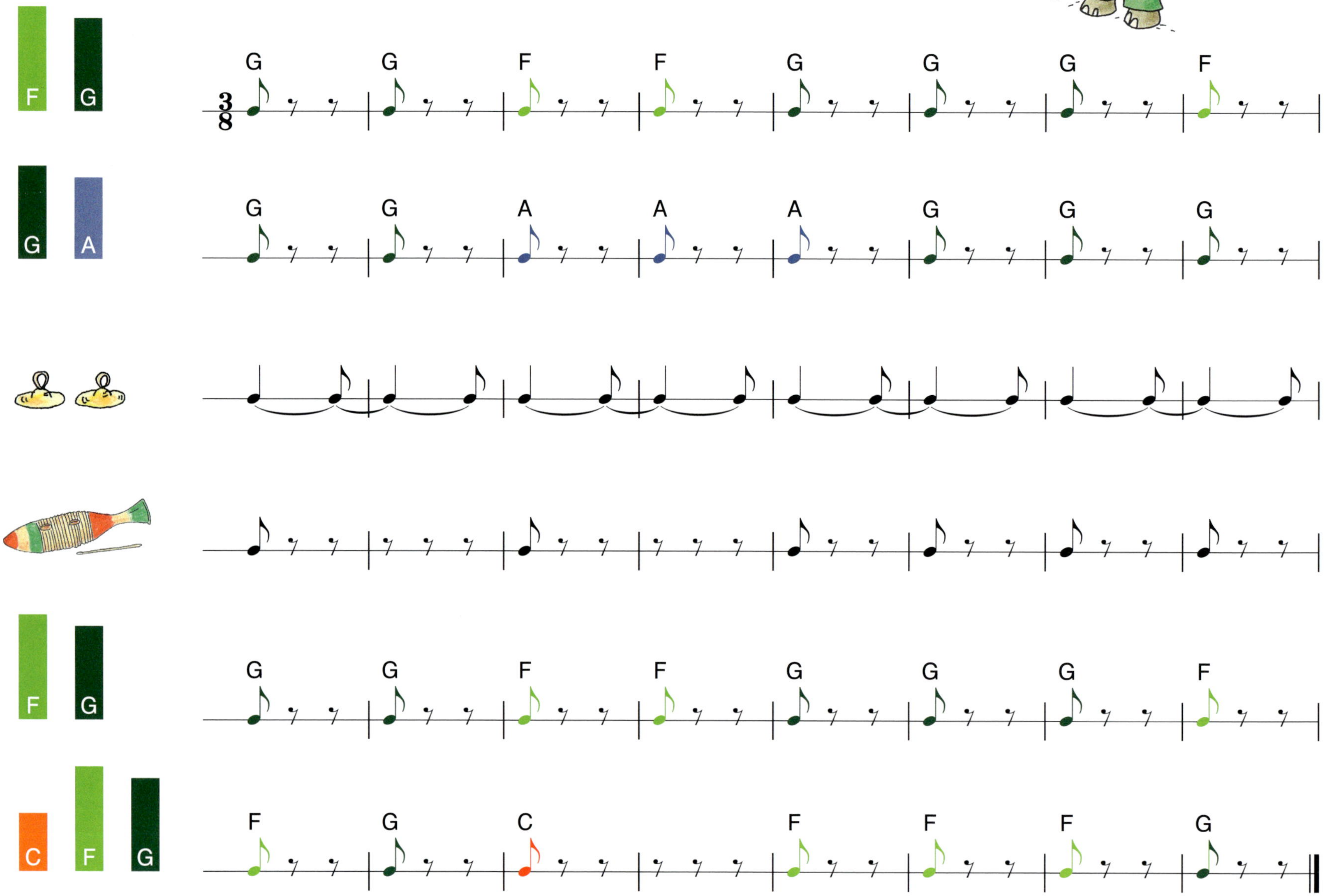

Zum Hörbeispiel CD 1/31 (C. Saint-Saëns: Der Elefant) einen Mitspielsatz mit Boomwhackers (Töne F, G, A und C), Fingerzimbeln und Guiros erarbeiten; dabei instrumentenspezifische Spieltechniken der Boomwhackers (z. B. Boomwhacker auf die Hand oder den Oberschenkel schlagen) wiederholen

Tierisch musikalisch

Tierisch musikalisch kommt auch der folgende Tanz aus Israel daher. Er erzählt die Geschichte von einem Fuchs, der es liebt, in den Weinbergen Trauben zu stehlen. Im Tanz verjagen die Weinbauern ihn mit einem kräftigen Klatscher.
Das Wort „Hashu'al" ist übrigens hebräisch und heißt „Fuchs".

1 Stellt euch in einem großen Kreis auf.
Hört von der CD den israelischen Tanz „Hashu'al".
Tanzt dazu so, wie die Kinder es euch zeigen.
1/33

A-Teil (2-mal): Tanzt an den Händen gefasst

Geht sieben Schritte vorwärts und wendet euch dann zur Kreismitte.

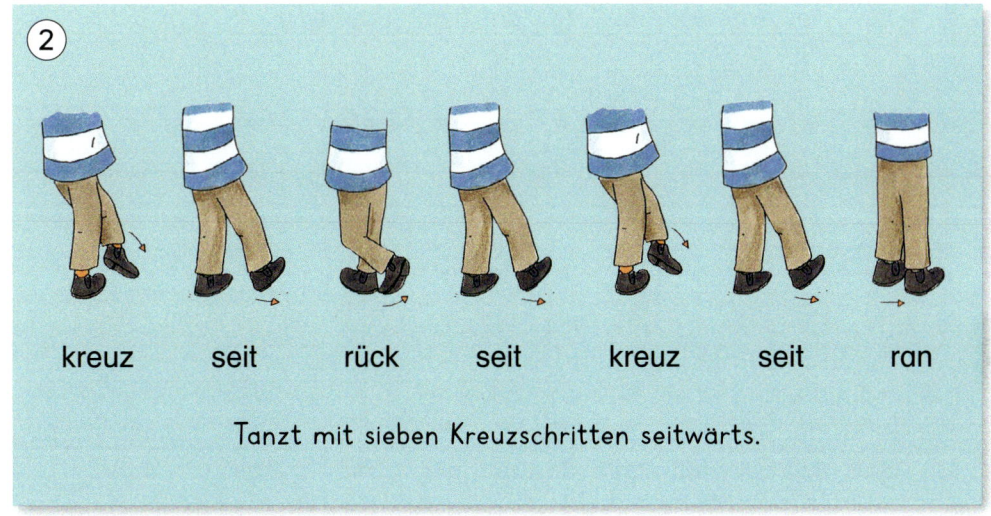

kreuz   seit   rück   seit   kreuz   seit   ran

Tanzt mit sieben Kreuzschritten seitwärts.

B-Teil (2-mal): Löst die Hände und wendet euch zur Kreismitte

Wech - sel - schritt

Tanzt mit vier Wechselschritten in die Kreismitte. Schnipst bei jedem Wechselschritt einmal mit den Fingern.

Führt die Arme beim Rückwärtsgehen langsam von oben nach unten.

Geht mit acht Schritten zurück auf die Kreisbahn. Verjagt beim ersten Schritt den Fuchs mit einem kräftigen Klatscher.

Mithilfe des Hörbeispiels CD 1/33 den „Hashu'al" als israelischen Tanz kennenlernen; anhand der Tanzbeschreibung die Tanzform entschlüsseln; dazu Aufstellung, Handfassungen, Schritte und Armbewegungen beschreiben; den Tanz zunächst ohne Musik, später zum Hörbeispiel CD 1/33 tanzen

Tierisch musikalisch

Das Rap-Huhn 1/34

Text und Melodie: Felix Janosa

Ein Rap ist übrigens ein schneller, rhythmischer Sprechgesang.

1. Hallo Leute, wir sind heute auf dem Bauernhof,
alle Tiere sind in Ordnung, nur eins ist doof!
Denn es findet sich so lässig und so ober-toll,
und es quasselt allen anderen die Ohren voll.

Refrain
Das Rap-huhn, (talk, talke, talke, talk, talk),
das rappt nun.

Schluss nach 3. Strophe

Ja, ich rappe so toll, und ich bin gut drauf.
Und beim Rappen hab ich immer eine Mütze auf.

2. Und es gammelt auf der Leiter oder im Gesträuch,
und es kommt aus seinem Schnabel immer dummes Zeug.
Und die ander'n Tiere kriegen dieses dumpfe Gefühl,
wo die grauen Zellen fehlen, ja, da quatscht man viel.
Das Rap-Huhn ...

3. Und es redet und es redet und es hört nie auf,
und der Bauer, der wird sauer, und er regt sich auf.
Auch die Kühe haben Mühe und sie machen „Muh!"
und inzwischen halten alle sich die Ohren zu.
Das Rap-Huhn ...

1 Hört den Rap von der CD. Übt den Text mit einer durchgängigen Begleitung mit **Körperinstrumenten**.

Hallo Leu-te ...

Das Rap-Huhn von der CD (Hörbeispiel CD 1/34) hören und über den Inhalt sprechen; für eine gut artikulierte Gestaltung des Textes die Sprechstimme rhythmisch sicher einsetzen; den Text durchgängig mit Bodypercussion begleiten; Zusatzangebot: den Rap mit textbegleitenden Gesten und freien Bewegungen unterstützen

Tierisch musikalisch

Für einen Rap ist das Schlagzeug, auch **Drum-Set** genannt, besonders wichtig. Findest du alle Instrumente, die im Text beschrieben sind?

Das **Hi-Hat**, auf Deutsch „Hoher Hut", besteht aus zwei Becken. Sie werden entweder mit den Stöcken, den Sticks, angeschlagen oder über das Fußpedal gegeneinanderbewegt.

Die **Bass-Drum**, auf Deutsch „Bass-Trommel", wird auch mit dem Fußpedal gespielt. Wenn der dicke Schlägel auf das Trommelfell schlägt, entsteht ein dumpfer Klang.

Einige Schnarrseiten im Inneren der **Snare-Drum** erzeugen ein Schnarrgeräusch, wenn man mit den Sticks auf die Trommel schlägt.

Mit den drei **Tom-Toms** stehen dem Schlagzeuger drei verschiedene Trommel-Tonhöhen zur Verfügung.

Die **Becken** kennst du längst. Bei einem Schlagzeug sind sie jeweils auf einem Ständer befestigt.

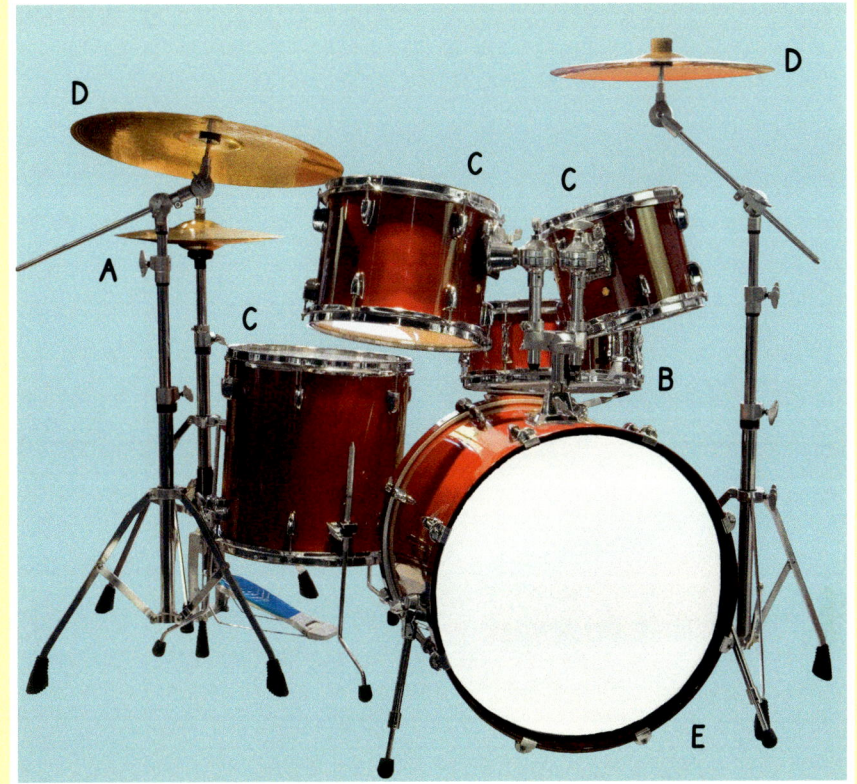

1 Höre von der CD ein Schlagzeug-Solo. 1/35
Finde heraus, welches Instrument jeweils spielt.

2 Begleitet den Rap vom Rap-Huhn durchgängig mit einem Schlagzeug.

Ihr könnt auch eigene kleine Schlagzeug-Stücke erfinden.

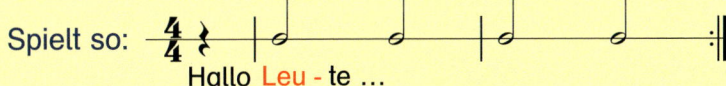

Spielt so: ... Hallo Leu-te …

oder so: ... Hallo Leu-te …

Aussehen und Klänge eines Schlagzeugs erkunden; die unterschiedlichen Teile bzw. Instrumente des Schlagzeugs hörend identifizieren und im Bild zeigen; das Rap-Huhn durchgängig mit einem Schlagzeug (oder alternativ mit Trommeln und Becken) begleiten; Zusatzangebot: eigene Musikstücke mit einem Schlagzeug erfinden

Tierisch musikalisch

Fly like an eagle 1/36

Text und Melodie: mündlich überliefert

| Am | Em |
Fly like an ea - gle, fly - ing so high.

| Am | Em |
Cir - cle round the u - ni - verse (on) wings of pure light.

| Am | Em |
Hey, wi - chi tay - tay, wi - chi ta - yo.

| Am | Em |
Hey, wi - chi tay - tay, wi - chi ta - yo.

Flieg wie ein Adler – er fliegt so hoch. Er umkreist das Universum – auf den Flügeln des Lichts.

1 Stellt euch vor, wie der Adler ruhig und kraftvoll seine Kreise zieht. Steht aufrecht am Platz und atmet gleichmäßig ein und aus. Singt das Lied in einer ruhigen, aber kraftvollen Stimmung.

2 Singt das Lied mit einer Vorsängerin oder einem Vorsänger: Jeder Takt wird dazu einzeln vorgesungen. Die **Wiederholung** wird von allen Kindern gestaltet.

Tatsächlich, in dem Lied wird jeder Takt wiederholt!

3 Begleitet das Lied mit Klangbausteinen oder **Stabspielen**. Die Texte helfen euch, im **Rhythmus** zu bleiben.

Fly like an ea - gle, fly - ing so high.

42   Das Lied singen; die Textbedeutung klären; das Bild eines ruhig fliegenden Adlers für ein anstrengungsfreies Singen über längere Atembögen nutzen; die Wiederholung als strukturelles Element des Liedes erkennen und jeden Takt mit Vor- und Nachsängern gestalten; das Lied mit Klangbausteinen/Stabspielen oder mit Boomwhackers begleiten

Tierisch musikalisch

Die Katzen schleichen durch die Nacht

🔘 1 / 37 – 38

Text und Melodie: Christa Wißkirchen

1. Die Katzen schleichen durch die Nacht,
heimlich, still und leise.
Der Vollmond scheint, die Eule wacht
und wartet auf die Mäuse.

Refrain:
U - hu, mau-i-au-i-au, u - hu, mau-i-au-i-au!
U - hu, mau-i-au-i-au, u - hu, mau-i-au-i-au!

2. Es knistert dort, es raschelt hier
unter dunklen Büschen.
Ein großes Tier, ein kleines Tier?
Es lässt sich nicht erwischen.
Uhu, mauiauiau ...

3. Die klugen Menschen ahnen nicht
dieses Nachtgeschehen,
sie sitzen drin bei Lampenlicht
und haben nichts gesehen.
Uhu, mauiauiau ...

1 Singt das Lied und gestaltet es gruppenweise als Eulen und Katzen.

Laut heißt in der Musik übrigens forte!

1. Eulengruppe:
Singt die blaue Eulenstimme des Refrains laut und rufend.
2. Eulengruppe:
Spielt nahezu unbewegte Eulen, die nur langsam ihren Kopf drehen.

Leise heißt in der Musik übrigens piano!

1. Katzengruppe:
Singt die rote Katzenstimme des Refrains leise und aufmerksam.
2. Katzengruppe:
Spielt dazu Katzen, die sich geschmeidig bewegen.

Das Lied singen und den Refrain des Liedes mithilfe der Vortragsbezeichnungen gestalten; dabei die Eulenstimme laut (forte), die Katzenstimme hingegen leise (piano) singen; im Refrain tierspezifische pantomimische Bewegungen ausführen; Zusatzangebot: eigene Gespräche zwischen Eulen und Katzen erfinden, gestalten und ggf. notieren

In der Oper – im Orchester

Papageno, Pamina, Sarastro? Was sind das für schöne Namen?
Es sind die Namen der wichtigsten Personen,
die in der Geschichte „Die Zauberflöte" mitspielen.
Schau dir die Personen auf der Bühne einmal ganz genau an.

1 Was könnten die abgebildeten Personen miteinander erleben?
Suche dir eine oder mehrere Personen aus und schreibe mit ihnen eine Geschichte auf.

Sarastro · Tamino · Pamina · Papageno · Papagena · Königin der Nacht

Die Oper „Die Zauberflöte" als Beispiel von „Musik im Opernhaus" kennenlernen; als Einstieg in die Thematik die Hauptpersonen
der Geschichte beschreiben und charakterisieren; in einer eigenen Geschichte die Personen zueinander in Beziehung setzen

In der Oper – im Orchester

Schon vor langer Zeit hat sich der Wiener Theaterdirektor Johann Emanuel Schikaneder mit den abgebildeten Personen ein spannendes Theaterstück ausgedacht. Da er sich die musikalische Aufführung seiner Geschichte wünschte, beauftragte er den **Komponisten Wolfgang Amadeus Mozart**, die Geschichte mit Gesang und Orchestermusik zu vertonen.

„Die Zauberflöte" wurde 1791 das erste Mal aufgeführt. Heute ist „Die Zauberflöte" die meistgespielte Mozart-**Oper** der Welt. Ihre Melodien sind so bekannt, dass viele Menschen Musikstücke aus der „Zauberflöte" kennen, obwohl sie die Oper noch nie gesehen haben. Einige genießen sogar einen Ausschnitt aus Mozarts Zauberflöte als täglichen Klingelton auf ihrem Mobiltelefon.

Die Zauberflöte

Prinz Tamino, der sich in einer einsamen Gegend auf der Jagd befindet, wird von einer Schlange bedroht. Drei Damen, Helferinnen der Königin der Nacht, töten die Schlange und retten Tamino.

Im Auftrag der Königin übergeben sie dem Prinzen ein Bild von der Königstocher Pamina, in das sich dieser sofort verliebt. Die Königin der Nacht hofft, dass der junge Prinz ihre Tochter, die bei dem Sonnenkönig Sarastro gefangen ist, befreien kann. Als Lohn soll Tamino die hübsche Pamina heiraten dürfen.

Damit Tamino die Königstochter nicht alleine befreien muss, wird ihm der Vogelfänger Papageno, der bei der Königin der Nacht arbeitet, an die Seite gestellt.
Zum Schutz vor Gefahren erhalten die beiden Zauberinstrumente: Tamino eine Zauberflöte, Papageno ein Glockenspiel.

Papageno läuft voraus und erreicht als Erster Sarastros Palast. Dort sieht er, dass Pamina bewacht wird. Schnell spielt er auf seinem Zauber-Glockenspiel und befreit Pamina.

Doch die beiden haben Pech. Schon kurz nach der Befreiung laufen sie dem Sonnenkönig Sarastro in die Arme, der auch den Prinzen Tamino bereits gefangen hat.

Sarastro trennt den Prinzen erneut von seiner geliebten Pamina. Er möchte zunächst herausfinden, ob Tamino die Königstochter wirklich verdient hat. So muss Tamino, bevor er Pamina heiraten darf, gemeinsam mit Papageno eine harte Prüfung bestehen: Sarastro erteilt den beiden ein strenges Redeverbot, was besonders Papageno schwerfällt. Als letzten Ausweg aus seinem Unglück lässt Papageno sein Zauber-Glockenspiel erklingen und zaubert sich eine junge, hübsche Papagena herbei.

Tamino hingegen steht die Prüfung durch und stellt sich mit Mut einer weiteren Aufgabe: Gemeinsam mit Pamina muss er durch Feuer und Wasserfluten gehen. Mit dem Schutz der Zauberflöte gelingt den Verliebten auch diese schwierige Aufgabe. Glücklich und erlöst freuen sich die beiden auf ihre Hochzeit.

1 Habt ihr den Inhalt der Oper verstanden? Diskutiert die Fragen zu zweit und notiert eure Antworten auf einem Blatt Papier.

2 Vergleicht eure Antworten in der Klasse.

1 Welche schwierige Aufgabe hat Prinz Tamino?

2 Welche Prüfungen muss Prinz Tamino bestehen?

3 Welche Instrumente erhalten Papageno und Tamino zu ihrem Schutz?

4 Wie endet die Geschichte?

In der Oper – im Orchester

Höre dir zwei Ausschnitte aus der „Zauberflöte" an. Mit seinen Klängen und Tönen verleiht Mozart den verschiedenen Personen einen ganz unterschiedlichen Charakter. Als Erstes hörst du Papageno mit seiner berühmten Vogelfänger-**Arie**. 2/1

1 Wie ist Papageno vermutlich gelaunt? Erzähle.

2 Zeichne den Ablauf seiner Arie mit:

Spielt das Orchester allein, so male:

Hörst du die Flöte, so zeichne:

Musizieren der Sänger und das Orchester gemeinsam, so male:

3 Baue dir ein Stifte-Guiro. Streiche immer dann über dein Instrument, wenn du Papageno auf seiner Flöte spielen hörst.

Vogelfänger-Arie 2/1

Der Vo-gel-fän-ger bin ich ja, stets lus-tig, hei-ßa hop-sa-sa! Ich Vo-gel-fän-ger bin be-kannt bei Alt und Jung im gan-zen Land. Weiß mit dem Lo-cken um-zu-geh'n und mich aufs Pfei-fen zu ver-steh'n. Drum kann ich froh und lus-tig sein, denn al-le Vö-gel sind ja mein!

Dies Bildnis ist bezaubernd schön,
wie noch kein Auge je geseh'n.
Ich fühl es, wie dies Götterbild
mein Herz mit neuer Regung füllt.
Dies etwas kann ich zwar nicht nennen,
doch fühl ich's hier wie Feuer brennen.
Soll die Empfindung Liebe sein?
Ja, ja, die Liebe ist's allein.

Höre dir eine zweite Arie aus der „Zauberflöte" an. 2/2

4 Wer könnte diese Arie singen?

5 Wie findest du die Sprache? Versuche einmal, den Text in deiner heutigen Sprache aufzuschreiben.

Das Foto sieht echt toll aus! So etwas habe ich noch nie gesehen. ...

In der Oper – im Orchester

Neben den Sängerinnen und Sängern spielt in der Oper das **Orchester** eine wichtige Rolle. Je nach Oper oder Musikstück spielen verschiedene Instrumente mit. In der Übersicht siehst du, welche Instrumente für Mozarts „Zauberflöte" gebraucht werden. Alle benötigten Instrumente werden in **Instrumentenfamilien** eingeteilt:

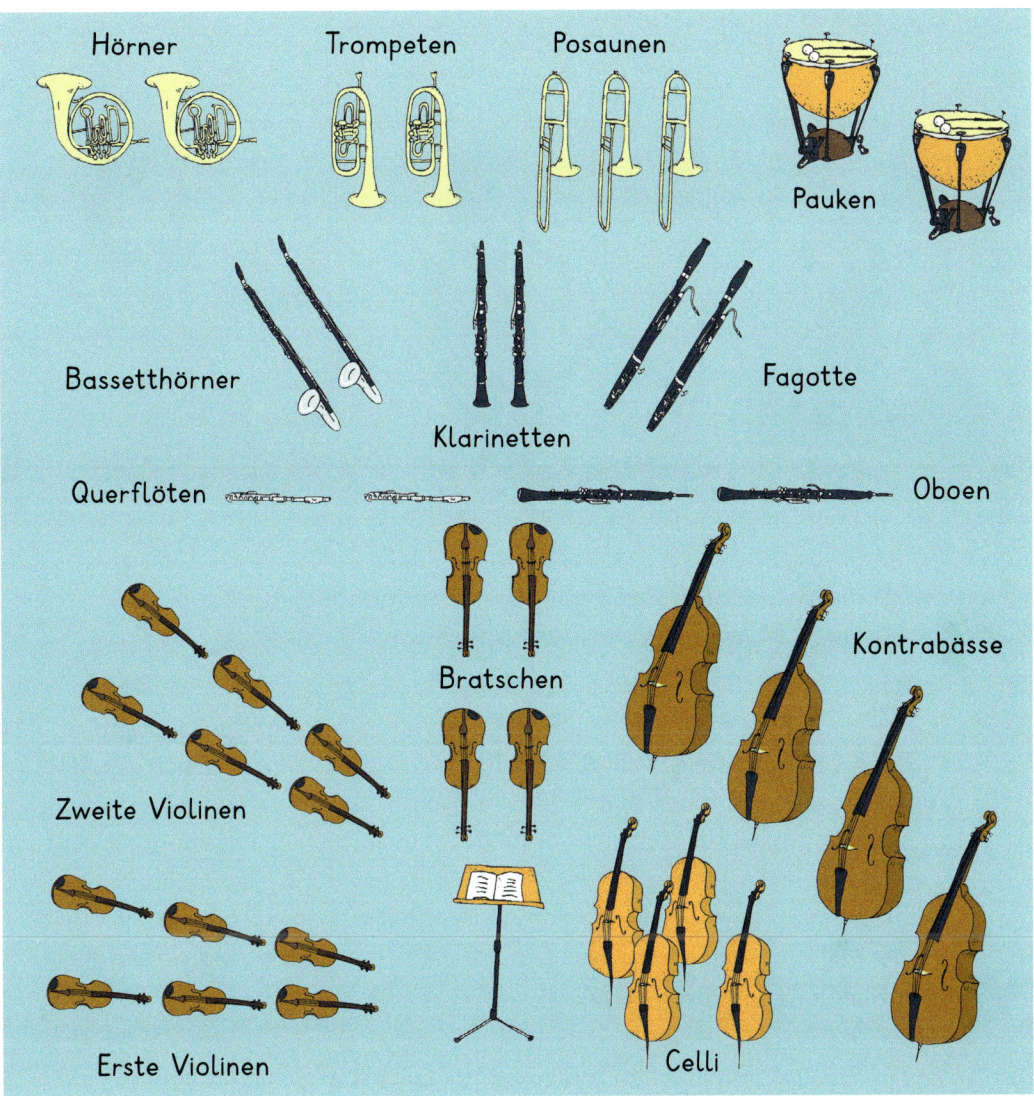

Instrumentenfamilie 1: Streichinstrumente
Alle Streichinstrumente haben Saiten. Streicht der Musiker mit seinem Bogen über die Saiten oder zupft er diese mit den Fingern, so werden die Saiten zum Schwingen gebracht. Um die Schwingung zu verstärken, verfügen Streichinstrumente über einen Hohlkörper aus Holz. Das ist der „Bauch" des Streichinstruments.

Instrumentenfamilie 2: Blasinstrumente
Wie es der Name schon sagt, werden Blasinstrumente durch das Hineinblasen zum Klingen gebracht. Alle Blasinstrumente verfügen über einen Hohlkörper, in dem eine Luftsäule durch das Anblasen zum Schwingen gebracht wird. Auf diese Weise entsteht der Ton. Je nach Material werden Holzblasinstrumente und Blechblasinstrumente unterschieden.

Instrumentenfamilie 3: Schlaginstrumente
Bei Schlaginstrumenten erklingt der Ton, wenn das Instrument mit der Hand oder mit einem Schlägel angeschlagen wird. Dadurch gerät das Material des Instruments, zum Beispiel das Metall, Holz oder Fell, direkt in Schwingung.

1 Welches Instrument gehört zu welcher Instrumentenfamilie? Erzähle.

2 Höre dir einen Ausschnitt aus der **Ouvertüre** der „Zauberflöte" an. CD 2/3 Finde heraus, welche Instrumentenfamilie beginnt.

Die Instrumentenfamilien des Orchesters (Streichinstrumente, Blasinstrumente, Schlaginstrumente) kennenlernen; die Instrumente der Übersicht den Instrumentenfamilien zuordnen; das Hörbeispiel CD 2/3 (Ausschnitt aus: W. A. Mozart: Die Zauberflöte) unter dem Aspekt der Besetzung hören und analysieren

In der Oper – im Orchester

Schau mal, heute besuchen fünf Musikerinnen und Musiker eine Schule. Sie alle spielen im Orchester und üben und proben gerade für eine Aufführung der „Zauberflöte".

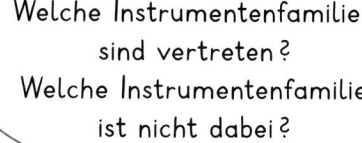

Welche Instrumentenfamilien sind vertreten? Welche Instrumentenfamilie ist nicht dabei?

Victor: Cello

Sebastian: Klarinette

Min-Ah: Querflöte

Szimon: Posaune

Anna: Geige

1 Wer sagt was? Lies die Texte genau und ordne jede Aussage der passenden Musikerin oder dem passenden Musiker zu.

① Mein Instrument ist aus Holz gefertigt. Es hat vier Saiten, die mit dem Bogen gestrichen oder auch mit den Fingern gezupft werden. Beim Spielen klemme ich mein Instrument unter das Kinn.

② Mein Blasinstrument wird über das Anblasloch zum Schwingen gebracht. Das funktioniert so ähnlich wie beim Blasen auf einer Flasche.

③ Mein Instrument gehört zu der Familie der Streichinstrumente. Es ist groß, sodass ich es beim Spielen auf den Boden stellen muss. Für das Spielen meines Instruments benötige ich einen Bogen.

④ Bei meinem Blasinstrument ist die komplizierte Klappentechnik eine echte Herausforderung!

⑤ Du wirst es nicht glauben, aber mein Instrument bekommt für eine Flugreise ein eigenes Flugticket und erhält dann einen eigenen Sitz.

⑥ Mein Instrument besteht aus einem langen Rohr. Einen Teil des Rohres kann ich hin- und herziehen und somit die Tonhöhe verändern. Soll der Ton gut klingen, so muss ich meine Lippen am Mundstück ordentlich schwingen lassen.

Kann ich wirklich eine Musikerin oder einen Musiker in die Schule einladen?
Ja, für eine solche Einladung gibt es tatsächlich viele Möglichkeiten. Fragt doch einmal bei einem örtlichen Musikverein, bei der Musikschule oder bei einem Orchester nach. Sicher helfen sie euch dort gerne weiter. Vergesst nicht, euren Gast nach seinem nächsten Konzerttermin zu fragen. Vielleicht habt ihr die Möglichkeit, sie oder ihn dort live auf der Bühne zu erleben.

In der Oper – im Orchester

1 Höre genau: Wer spielt? Kennzeichne die richtige Musikerin oder den Musiker auf Seite 48 mit einem kleinen Gegenstand. 2/4–8

2 Hört die fünf Hörbeispiele mehrfach. Welche Noten gehören zu welchem Hörbeispiel?

①

②

③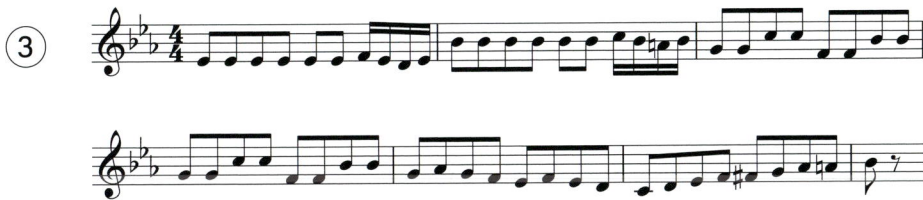

④

⑤

3 Welches Orchesterinstrument gefällt dir am besten?

① Wähle ein Orchesterinstrument aus. Sammle Informationen, Hörstücke und Bilder über dein Instrument.

② Mache dir Notizen, was du den anderen Kindern über dein Instrument erzählen möchtest.

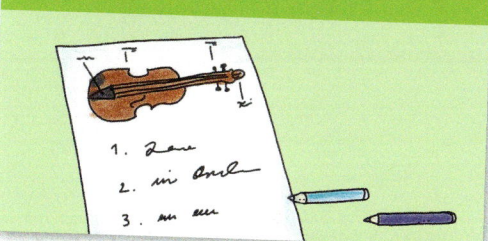

③ Halte einen kleinen Vortrag über dein Instrument. Denke daran, deinen Vortrag mit Bildern und Hörbeispielen interessant zu gestalten.

Anhand der Hörbeispiele CD 2/4–8 (Ausschnitte aus: W. A. Mozart: Die Zauberflöte) die Klänge der Orchesterinstrumente unterscheiden lernen; die Hörstücke den Instrumenten und den Noten begründet zuordnen; Zusatzangebot: ein Orchesterinstrument eigenständig erforschen und dieses in der Klasse vorstellen

In der Oper – im Orchester

Ich bin der Stimmakrobat 2/9 – 10

Text und Melodie: Uli Führe

Viele Sängerinnen und Sänger in der Oper sind wahre Stimmakrobaten.
Sie üben jahrelang, bis sie für die Bühne eine schöne und ausreichend kräftige Stimme haben. Mit dem Lied des Stimmakrobaten könnt auch ihr eure Stimme trainieren.

1 Hört euch die Stimmakrobaten von der CD an. Ahmt die Strophen, die euch gut gefallen, nach. 2/9

2 Zaubert aus Saga daga duja neue Klänge, indem ihr statt a ein o singt: Sogo dogo dujo.
Probiert den Zauber auch mit den Selbstlauten e, i und u.

3 Dichtet mit neuen Silben eigene Texte.

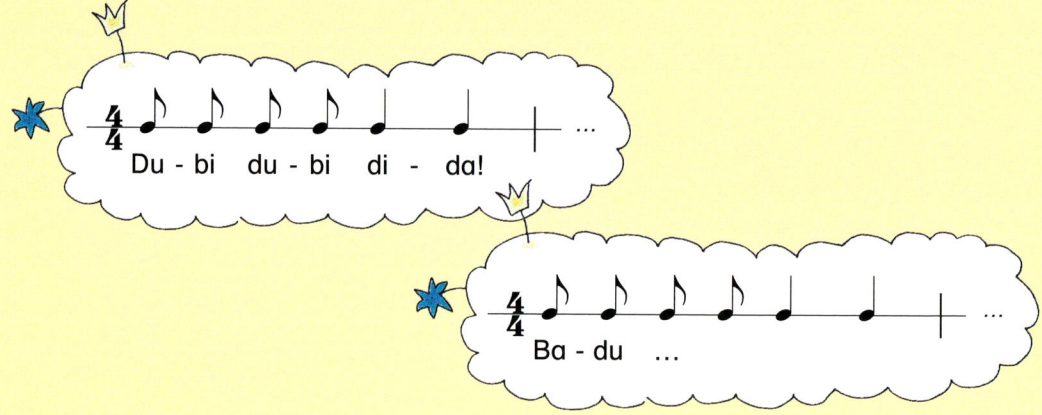

Das Lied in verschiedenen Stimmungen, Lautstärken und Tempi singen; durch Veränderung der Vokale die Klangfarben variieren; mithilfe neuer Tonsilben eigene Liedtexte dichten; dabei nach dem Vorbild der CD (Hörbeispiel CD 2/9) auch freie Gestaltungs- und Improvisationsmöglichkeiten der Stimme nutzen

In der Oper – im Orchester

Das mehrstimmige Singen ist in der Oper oft sehr kunstvoll und wohlklingend. In diesem Lied sind es Sarastros Wächter Monostatos und seine Sklaven, die – verzaubert von Papagenos Glöckchen – im **Chor** mehrstimmig singen und dazu sogar tanzen.

1 Übt die schwarze und die rote Singstimme des Liedes zunächst einzeln. Schafft ihr es, die beiden Stimmen gleichzeitig zu singen?

Wenn du die schwarze Stimme spielst und ich die rote, dann können wir die Singstimmen unterstützen.

Das klinget so herrlich 2/11

Text: Wolfgang Amadeus Mozart, Emanuel Schikaneder

2 Und hier noch ein guter Übetipp für das zweistimmige Singen: Nehmt die rote und die schwarze Stimme einzeln auf und übt die jeweils andere Stimme zu eurer Aufnahme.

Das Hörbeispiel CD 2/11 (Ausschnitt aus: W. A. Mozart: Die Zauberflöte) hören; über vokale und instrumentale Klangfarben sowie Lautstärke und Tempo der Musik sprechen; das Lied einstimmig singen; die Pausen (Zeilen 1 und 3) mit Fingerzimbeln hörbar machen; das zweistimmige Singen mit einer Aufnahme bzw. mit Blockflöten gezielt üben

In der Oper – im Orchester

Ich bin Wolfgang Amadeus 2/12–13

Text und Melodie: Fredi Jirovec

A-Teil:

1. Wenn Wolfgang Amadeus ein Kind von heute wär,
dann hätte es sein Vater, Herr Leopold, sehr schwer!
„Du musst noch Geige üben!" „Ich mag jetzt nicht!" „Wieso?"
„Ich prob lieber mit der Nannerl für die Karaokeshow!"

B-Teil:
„Ich bin Wolfgang Amadeus und für mich ist sonnenklar: Ich will eine E-Gitarre und ich werde Superstar! Ich bin -star!"

2. Wenn Wolfgang Amadeus
ein Kind von heute wär,
dann hätte es sein Vater,
Herr Leopold, sehr schwer!
„Wir müssen uns beeilen,
wir fahren heut nach Wien!"
„Ich will lieber nach Amerika,
dort fliegen alle hin!
Ich bin Wolfgang Amadeus
und für mich ist sonnenklar:
Ich will einen eignen Flieger
und ich werde Superstar."

3. Wenn Wolfgang Amadeus
ein Kind von heute wär,
dann hätte es sein Vater,
Herr Leopold, sehr schwer!
„Wir können nicht mehr warten,
wir kommen sonst zu spät!"
„Ich bleib lieber am Computer,
denn ich surf im Internet!
Ich bin Wolfgang Amadeus
und für mich ist sonnenklar:
Ich will eine eigne Homepage
und ich werde Superstar!"

1 Hört das Lied von der CD.
Singt das Lied im A-Teil einstimmig
und im B-Teil zweistimmig.

Das Lied von der CD hören (Hörbeispiel CD 2/12) und selbst gestalten; für den zweistimmigen B-Teil des Liedes die beiden Stimmen zunächst einzeln üben, dann in zwei Gruppen mehrstimmig singen; dabei für eine saubere Intonation den Melodieverlauf der eigenen Singstimme mit der Hand mitzeigen

In der Oper – im Orchester

1. Sprecht über den Inhalt des Liedes. Wie wird Wolfgang Amadeus Mozart im Lied dargestellt?

2. Überlege dir, wie es früher wirklich war? Notiere dir zu jeder Frage einige Stichpunkte.

   ① Wie unterscheidet sich Mozarts Aussehen von den Kindern in eurer Klasse?

   ② Welche Streitpunkte könnte es früher zwischen Mozart und seinem Vater gegeben haben?

   ③ Denkst du, dass Mozart sein Leben als Star gefallen hat? Wie würde dir ein Star-Leben gefallen?

3. Suche dir ein Partnerkind. Besprecht und vergleicht eure Notizen und Ideen.

4. Sammelt alle Antworten in der Klasse und sprecht darüber.

5. Forsche weiter. Stelle Wolfgang Amadeus Mozart in einem kurzen Vortrag dar.

   ① Sammle verschiedene Informationen, Musikstücke und Bilder über Wolfgang Amadeus Mozart.

   ② Wähle wichtige und interessante Materialien aus und notiere, was du den anderen Kindern erzählen möchtest.

   ③ Halte einen kleinen Vortrag über Wolfgang Amadeus Mozart. Denke daran, deinen Vortrag mit Bildern und Hörbeispielen abwechslungsreich zu gestalten.

Den Inhalt des Liedes als Gesprächsanlass nutzen; mithilfe ausgewählter Fragestellungen das Lied in biografische und historische Zusammenhänge einordnen; Zusatzangebot: Informationen über Wolfgang Amadeus Mozart, Bilder und Musikstücke zusammentragen und einen Kurzvortrag über den Komponisten halten

Die Reise mit der Zeitmaschine

1. Szene:
Bühne und Zuschauerraum sind zu Beginn ganz dunkel; die zwei Kinder betreten mit leuchtenden Taschenlampen die Bühne und leuchten umher.

Verena: Mensch, hier ist es überall stockdunkel, man kann ja nicht einmal die eigenen Hände vor den Augen sehen! Achtung, Stufe!

Sarah: (ängstlich) Du, soll'n wir nicht lieber wieder runter ins Wohnzimmer gehen? Du weißt doch, was Opa gesagt hat!

Verena: Ja, ja, ich weiß. (Den Opa nachahmend) Bleibt mir bloß vom Dachboden! Seit vielen Jahren hat sich keine Menschenseele mehr dort hingetraut, weil es dort nicht mit rechten Dingen zugeht. (Mit normaler Stimme) Er wollte uns doch nur einen Schrecken einjagen – komm, dieses Geheimnis werden wir jetzt lüften.

Die Kinder gehen weiter auf dem Dachboden umher. (...) Während Sarah umhergeht, stößt sie an das Tuch, unter dem sich die Zeitmaschine befindet. Diese spuckt Nebel.

Sarah: (stößt einen Angstschrei aus) Aaaaahhh ...
Verena: (ängstlich) Was war denn das? Was hast du gemacht?
Sarah: Gar nichts, ich bin nur zufällig an dieses Tuch gestoßen. (stößt nochmals an das Tuch, und die Zeitmaschine blinkt und spuckt Nebel)
Verena: Was kann das sein? (...)

Verena nähert sich vorsichtig der Zeitmaschine, diese spuckt Nebel, und Verena zieht vorsichtig das Tuch, mit dem die Zeitmaschine bedeckt ist, herunter.

Zeitmaschine: (gähnt) Seit mehr als 200 Jahren stehe ich jetzt hier und ihr seid die Ersten, die es wagen, mit mir Kontakt aufzunehmen. Habt vielen Dank! Ich bin TIMI, die einzige Zeitmaschine, mit der man wirklich in jede Zeit reisen kann: in die Vergangenheit und sogar in die Zukunft! Aber ich habe ganz vergessen: Wie heißt ihr beiden eigentlich?

Verena: Ich bin Verena und das ist Sarah.
Zeitmaschine: Kann deine Freundin nicht sprechen?
Verena: Doch, aber sie ist ein bisschen ängstlich.
Zeitmaschine: Habt keine Angst, wir werden bestimmt viel Freude miteinander haben, wenn ich mit euch nach so langer Zeit mal wieder durch die Zeiten reisen werde!
Verena: Wie soll das gehen, durch die Zeiten reisen?
Zeitmaschine: Ganz einfach, ihr müsst lediglich den roten Knopf meines Zeitrades betätigen und – schwupp – fahren wir in eine andere Zeit. (...)

„Die unglaubliche Reise mit der Zeitmaschine" von Martin Falk als umfangreiche musikalische Spielszene gestalten; dazu vorgegebene und selbst erdachte Szenen zu einer Aufführung zusammenfügen; die Tipps der Aktionskarten für die Gestaltung nutzen; eigene Ideen mit einfließen lassen

Die Reise mit der Zeitmaschine

Sarah nähert sich zögernd der Zeitmaschine und drückt vorsichtig den roten Knopf. Die Zeitmaschine spuckt Nebel, leuchtet und piept, die Uhr beginnt zu rattern, dann ist Stille.

Verena: Hey, TIMI, was ist los?
Zeitmaschine: Entschuldigt, meine Lieben! Ich habe ganz vergessen, dass ihr natürlich auch eine Zeitformel sprechen müsst, damit ich richtig funktioniere. Also, passt auf und sprecht mir nach.

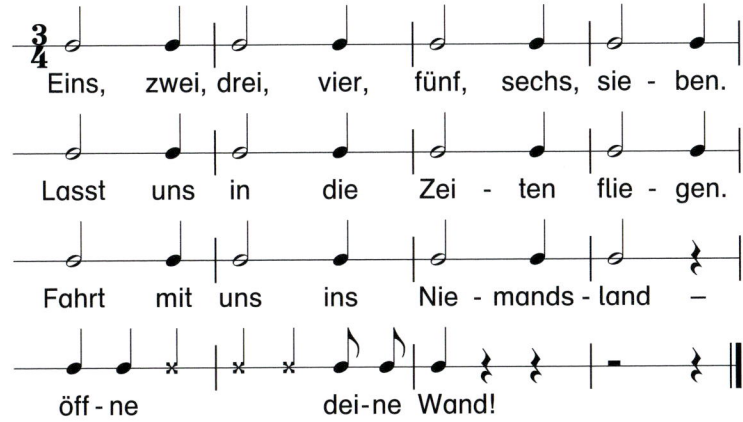

Tipp 1: Der Text

Lest den Text gemeinsam und auch mit verteilten Rollen. Beachtet dabei die Besonderheiten der blauen Texte. Diese geben euch wichtige Hinweise für die Gestaltung der Sprechtexte, der Aktionen und der Schauplätze.

Tipp 3: Die Zeitmaschine

Wie sieht eure Zeitmaschine aus? Welches Baumaterial braucht ihr? Was soll eure Zeitmaschine können?

leuchten   piepen   ?

Tipp 2: Die Szene

Probiert aus, wie sich Verena und Sarah auf dem stockdunklen Dachboden bewegen. Welche spannenden Gegenstände könnten die Kinder entdecken, bevor sie auf TIMI stoßen? Schreibt Gegenstände auf und überlegt euch, wie sich Verena und Sarah darüber unterhalten.

Tipp 4: Die Klänge der Zeitmaschine

Bringt eure Zeitmaschine zum Klingen. Denkt euch vor dem Sprechen der „Zeitformel" mit Instrumenten und mit euren Stimmen eine „Maschinen-Musik" aus. Gestaltet die Lautstärke ganz bewusst:

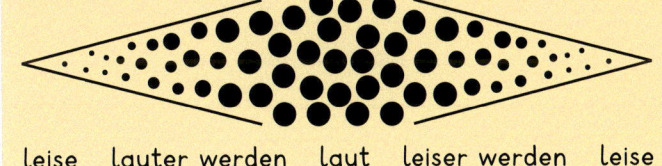

leise   lauter werden   laut   leiser werden   leise

Tipp 5: Die Zeitformel

Übt die Zeitformel, um die Zeitmaschine in Gang zu bringen. Sprecht deutlich und haltet die Pausen. Wählt aus, ob ihr die Zeitformel laut oder leise, schnell oder langsam, geheimnisvoll oder auffordernd sprechen wollt.

1. Szene: Den Text rollenverteilt lesen und szenisch gestalten; eine Zeitmaschine bauen; diese mit dem Sprechstück sowie mit einer „Maschinen-Musik" aus Stimm- und Instrumentalimprovisation zum Klingen bringen; dabei die grafische Notation besprechen und die Lautstärke/Dynamik bewusst gestalten (lauter werden/leiser werden)

Die Reise mit der Zeitmaschine

Wir sind Fische 🔊 2/14 – 15

Text und Melodie: Martin Falk

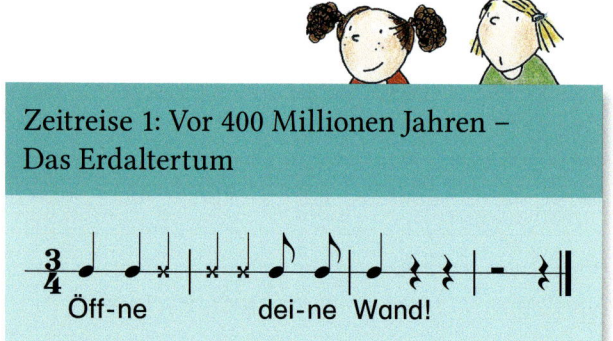

Zeitreise 1: Vor 400 Millionen Jahren – Das Erdaltertum

3/4 Öff-ne dei-ne Wand!

Herr der Gezeiten:
Willkommen im Reich der Gezeiten.
Ich bin der Herr der Gezeiten, und ihr habt soeben das Zeitrad um 400 Millionen Jahre zurückgedreht.
Die ganze Erde ist von den Meeren bedeckt und die einzigen Lebewesen, die hier bestehen können, sind Meerespflanzen und Meerestiere. Einige davon werde ich euch jetzt vorstellen.

Tür der Zeitmaschine öffnet sich und die Fische kommen auf die Bühne.

1. Fi-sche gibt's wie Sand am Meer, He-ring, Thun-fisch, bit-te sehr! Lasst uns, wie wir sind, so lo-se, steckt uns bloß in kei-ne Do-se!

Refrain
Wir sind Fi-sche und le-ben tief im Meer, wir sind Fi-sche, nicht ein-fach ir-gend-wer, wir sind Fi-sche, wir schwim-men Tag und Nacht, weil uns das rie-sig Freu-de macht!

Wir sind Fi-sche und le-ben tief im Meer, wir sind Fi-sche, nicht ein-fach ir-gend-wer, wir sind Fi-sche, wir schwim-men Tag und Nacht, weil uns das rie-sig Freu-de macht.

2. Fischers Fritz fischt frische Fische –
solche und noch andre Sprüche
finden Fische gar nicht witzig,
wer uns fängt, dem wird's gleich hitzig.
Wir sind Fische ...

3. Fische leben vegetarisch,
nach Diätplan tabellarisch
essen nur das Allerbeste,
niemals aber Küchenreste.
Wir sind Fische ...

2. Szene: Mit der Zeitmaschine in die Vergangenheit reisen; den Inhalt des Liedes szenisch darstellen; dazu Fischkostüme basteln und ein lebendes Szenenbild darstellen (Seite 57, Tipp 1); die Strophen des Liedes solistisch oder mit einer kleinen Vorsängergruppe gestalten; den Refrain gemeinsam singen (Seite 57, Tipp 2)

Die Reise mit der Zeitmaschine

Tipp 1: Lebendes Szenenbild

Bastelt euch Fischkostüme.
Sucht euch in einem Meer aus Malerfolien eine Tauchposition und „versteinert" in ihr.
Haltet still, während die Strophen gesungen werden. Auch das „Malerfolien-Meer" bewegt sich nicht.

Tipp 2: Singen der Liedstrophen

Übt die Strophen zunächst gemeinsam.
Wählt dann für jede Strophe einen Solisten oder eine kleine Gruppe von Kindern aus.

Tipp 3: Singen und Begleiten des Refrain

Singt den Refrain des Liedes gemeinsam.
Begleitet den Refrain des Liedes mit Schellenringen, Handtrommeln und Triangeln.

Tipp 4: Das lebende Szenenbild bewegt sich

Löst im Refrain des Liedes die „Versteinerung":
Bewegt die Malerfolien wellenförmig.
Tanzt die Bewegungsfolge des Auf- und Abtauchens in einem frei gewählten Tempo.

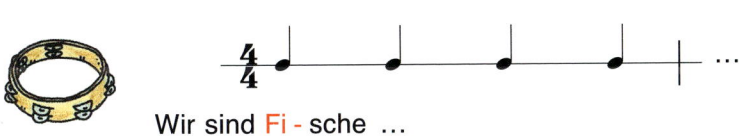

Wir sind Fi - sche …

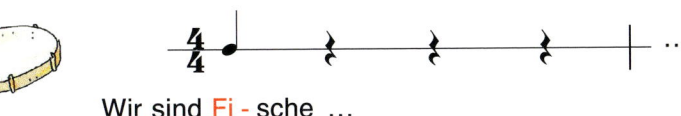

Wir sind Fi - sche …

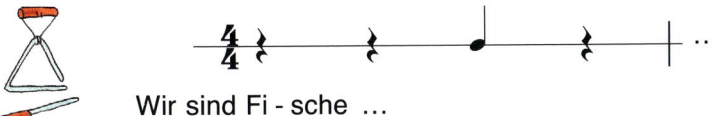

Wir sind Fi - sche …

Für den Refrain des Liedes eine rhythmische Begleitung mit Schellenringen (alternativ: Schellentrommeln), Handtrommeln und Triangeln erarbeiten; das Lied mit einer vorgegebenen Bewegungschoreografie gestalten; dabei bewusst verschiedene Raumebenen nutzen

Die Reise mit der Zeitmaschine

Sarah: Du, TIMI?
Zeitmaschine: Ja?
Sarah: Du hast uns gerade ganz weit in die Vergangenheit geführt, was mich aber noch viel mehr interessieren würde, wäre die Zukunft. Hast du nicht gesagt, du könntest auch in die Zukunft reisen?
Zeitmaschine: Aber sicher kann ich das!
Sarah: Ja, dann mach doch mal!
Zeitmaschine: Es kommt natürlich darauf an, wie weit wir in die Zukunft reisen möchten: 10 Jahre, 100 Jahre oder gar tausend Jahre. Aber egal – ihr dreht den blauen Griff einfach ein Stück nach rechts – und schwupp – befinden wir uns in der Zukunft!
Sarah: Au ja! (...)

Zeitreise 2: In die Zukunft – 2245

Öff-ne dei-ne Wand!

Herr der Gezeiten:

Wir schreiben das Jahr 2245. Modernste Maschinen ersetzen in sämtlichen Bereichen den Menschen. Selbst im Haushalt fehlt es an nichts!

Die Koch-Wasch-Bügel-Spülmaschin'

2/16 – 17

Text und Melodie: Martin Falk

1. Da war neulich die Frau Maier, die so oft und gerne tratscht, steckte gleich zehn frische Eier in den Koch-Wasch-Automat.

Refrain: Das ist die Koch-Wasch-Bügel-Spülmaschin', die darf in keinem Haushalt fehl'n, denn unsre Koch-Wasch-Bügel-Spülmaschin', die kann Unglaubliches erzähl'n.

2. So ein Frühstücksei schmeckt lecker, wenn es vier Minuten kocht, leider drückte die Frau Maier aus Verseh'n den Bügel-Knopf. Das ist die ...

3. Sofort begann das Bügeleisen seinen Rhythmus zu diktier'n, machte platt die ganzen Eier, das ging ihr an Herz und Nier'n. Das ist die ...

4. Als Frau Maier dies bemerkte, kriegte sie 'nen Riesenschreck, nichts wie raus aus dieser Küche – und da war sie auch schon weg! Das ist die ...

Die Reise mit der Zeitmaschine

Tipp 1: Die Koch-Wasch-Bügel-Spülmaschin'

Baut aus vier großen Kartons eine fantasievolle Koch-Wasch-Bügel-Spülmaschin'.

Tipp 2: Tanzen zu den Strophen

Hakt euch ein und tanzt mit eurer Koch-Wasch-Bügel-Spülmaschin' in vier Schritten nach rechts und dann wieder zurück.

Da war neu - lich die Frau …

Tipp 3: Gesten zum Refrain

Singt den Refrain des Liedes und unterstützt den Begriff „Koch-Wasch-Bügel-Spülmaschin'" mit passenden Gesten.

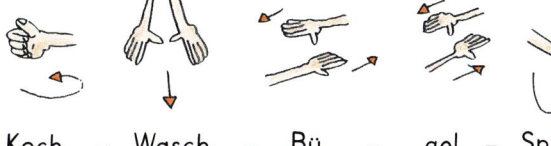

Koch - Wasch - Bü - gel - Spülmaschin'

> Wo und wie endet die Zeitreise?

Fortsetzung der Zeitreise – Auswahl der Zeit

Setzt die Spielszene „Die unglaubliche Reise mit der Zeitmaschine" fort. Sammelt gemeinsam Ideen, in welche Zeit die Kinder noch reisen könnten.

Römerzeit   Mittelalter   ?

Fortsetzung der Zeitreise - Auswahl von Musikstücken, Tänzen und Liedern

Bildet Gruppen.
Wählt für eine Zeit-Szene ein Musikstück, ein Lied oder einen Tanz aus.
Ihr könnt dabei Ideen aus eurem Musikbuch nutzen oder auch ganz eigene Musikstücke verwenden.

Fortsetzung der Zeitreise – Schreiben eigener Texte

Sarah: Du, TIMI?
Zeitm.: Ja?
Sarah: Ich würde so gerne …

Herr der Gezeiten:
Wir schreiben das Jahr …

4. – x. Szene: Mithilfe der gelben Aktionskarten weitere Zeitszenen verfassen und diese eigenständig und kreativ umsetzen; für die Gestaltung Lieder oder Tänze auswählen und Texte verfassen; die gesamte Spielszene präsentieren, ggf. aufnehmen/filmen und im Anschluss reflektieren

Die Reise mit der Zeitmaschine

Was war das Besondere in der Jungsteinzeit?

Nach der langen Zeit des Herumziehens wollten die Menschen in der Jungsteinzeit sesshaft werden. Sie begannen Häuser zu bauen und in Gemeinschaften zu leben. Erstmals hielten sie Wildtiere als Haustiere. Sie bauten Getreide an und töpferten Gefäße für ihr Essen. Auch die Kinder mussten schon früh bei vielen Aufgaben helfen: Sie hüteten Tiere, holten Wasser, sammelten Brennholz, Beeren und Pilze und arbeiteten auf dem Feld.

In der Jungsteinzeit 2/18 – 19

Text und Melodie: Unmada Manfred Kindel

In der Jung-stein-zeit, in der Jung-stein-zeit, da wird heut ge-fei-ert, da freu'n sich die Leut. Zum Tan-ze ruft die Flö-te und die Trom-mel schlägt den Takt und die Bä-ren-kno-chen ma-chen kla-cke-di klack, klock, klack.

1. Gestaltet das **Lied** als Spiellied. Bastelt euch Steinzeit-Kostüme und besorgt euch passende Requisiten.

2. Findet euch in einem Steinzeitdorf zusammen und spielt das bunte Treiben vor dem Fest.

3. Begleitet den Refrain des Liedes mit „Bärenknochen". Nehmt dazu Claves und spielt mit ihnen alle Viertelnoten mit.

Erinnerst du dich? Die Viertelnote hat einen ausgefüllten Notenkopf und einen Notenhals ohne Fähnchen.

Klick, klock, klack, kla-cke-di, klick, klock, klack, kla-cke-di, klick, klock, klick, klock, klick, klock, klack.

Anknüpfend an die Liedthematik über die „Jungsteinzeit" sprechen und eigene Vorkenntnisse einbringen; das Lied (ggf. im Rahmen einer Steinzeitszene) singen und als Spiellied gestalten; dazu den Inhalt des Liedes bzw. das Thema „Jungsteinzeit" über Bewegungen, Verkleidungen, Requisiten usw. darstellen

Die Reise mit der Zeitmaschine

1. Wir pflü-gen den Bo-den, be-stel-len uns-re Fel-der, wir we-ben uns
   fär-ben Ge-wän-der, be-ma-len uns-re Häu-ser, wir töp-fern Ge-

Stof-fe und ba-cken leck-res Brot. Wir
fä-βe und Trom-meln aus Ton.

Klick, klock, klack ...

2. Es blöken die Schafe, es meckern die Ziegen,
   das Rind zieht den Pflug und im Stall grunzt das Schwein.
   Männer geh'n jagen, ein Hirte schnitzt die Flöte
   und abends beim Fest spielt er auf zum Wein.

Klick, klock, klack ...

3. Heut ist ein Festtag, lasst uns die Pilze kochen,
   am Feuer, da brutzelt das gejagte Wild.
   In der Höhle am Berg fanden wir die Bärenknochen.
   Das Klock, dieses Klack, ist der schönste Klang der Welt.
   Klick, klock, klack ...

1 Baut euch mithilfe der Bilder Tontopf-Trommeln.
Begleitet die Strophen mit euren Trommeln.

tschi-ki dum ka

2 Ergänzt die Trommelbegleitung durch Stabspiele.
Achtung: Am Anfang der Notenzeile steht ein #.
Hier wird der Ton F immer zum Fis.

Wir pflü-gen den Bo-den...

Mithilfe eines Blumentopfes und mehrerer Schichten Transparentpapier eine Trommel herstellen; die Klangmöglichkeiten des Instruments erproben; den Refrain des Liedes mit Claves mitspielen; die Strophen mit Trommeln und Stabspielen (beidhändiges Spiel mit den Tönen E/H bzw. Fis/H) begleiten; dabei den Ton Fis besonders beachten

Die Reise mit der Zeitmaschine

Das Schlaraffenland 2/20 – 21

Text: Konrad Weiß,
Melodie: Thomas Natschinski

A-Teil:

1. Das Schlaraffenland beginnt sieben Meilen hinterm Wind
bei den Schoko-la-den-bergen. Eh man in das Land gelangt,
eh man in das Land gelangt, muss man Kopf und Kragen
wagen und sich durch die Berge nagen.

B-Teil:
Im Schlaraffenland, im Schlaraffenland muss man
Kopf und Kragen wagen. Im Schlaraffenland, im Schla-
raffenland und sich durch die Berge nagen.

Schluss:
Glaubt mir, solche Wunder fand ich nur im Schlaraffenland!

2. Jeder Bach und jeder Fluss
dort im Land sind ein Genuss.
Milch und Honig fließt in Fülle.
Und im großen Suppenmeer,
und im großen Suppenmeer
mit den Inseln aus Pasteten
schwimmen Fische ohne Gräten.
Im Schlaraffenland, im Schlaraffenland
mit den Inseln aus Pasteten,
im Schlaraffenland, im Schlaraffenland
schwimmen Fische ohne Gräten.

3. Niemand leidet Not noch Durst.
Häuser sind aus Brot und Wurst
und gedeckt mit Pfefferkuchen.
Geh'n die Leute vor das Haus,
geh'n die Leute vor das Haus,
flattern in die off'nen Mäuler
knusperbraun gebrat'ne Broiler*.
Im Schlaraffenland, im Schlaraffenland
flattern in die off'nen Mäuler,
im Schlaraffenland, im Schlaraffenland
knusperbraun gebrat'ne Broiler*.

* Ein Broiler ist übrigens ein Brathähnchen.

Den umfangreichen Liedtext zuerst lesen, dann singen; den Text als Gesprächsanlass nutzen
(Wie würde dein Schlaraffenland aussehen? Welche Dinge fändest du besonders schön?)

Die Reise mit der Zeitmaschine

1 Gestaltet den Text des Liedes als Bildergeschichte.

Bildet Kleingruppen.
Besorgt euch einen großen Bogen Tonpapier sowie Stifte oder Wasserfarben und Pinsel.
Wählt eine Strophe oder eine Textstelle des Liedes aus und gestaltet gemeinsam ein Bild.

Bringt jeweils vier Bilder in die richtige Reihenfolge des Liedes. Schreibt die Silben des Wortes „Schlaraffenland" auf die Rückseite eurer Bilder.

SCHLA- RAF- FEN- LAND

Singt das Lied und dreht immer dann euer Plakat um, wenn der entsprechende Liedtext erklingt. So wird das Schlaraffenland nach und nach sichtbar.

RAF- FEN- LAND

Zeigt euer Bild in der Klasse und lasst die anderen Kinder raten, welche Strophe oder welcher Text zu eurem Bild passt.

2 Begleitet den A-Teil des Liedes mit Instrumenten. Die Texte helfen euch, im **Rhythmus** zu bleiben.

3 Begleitet den B-Teil des Liedes mit Klangbausteinen oder **Stabspielen**.

Das Lied (ggf. im Rahmen der musikalischen Spielszene) als Bildergeschichte gestalten und es kunstvoll in Szene setzen; die Liedteile differenziert und mehrstimmig mit Rhythmusinstrumenten und Klangbausteinen bzw. Stabspielen begleiten; dabei die Noten- und Pausenwerte der Begleitstimmen besprechen und sichern

Manchmal ist Regen schön

Káplja dózdevája (Regentropfen) 2/22 – 23

Text und Melodie: mündlich überliefert

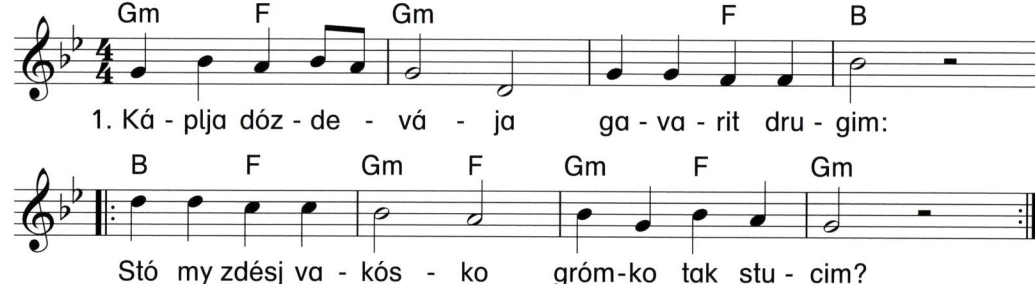

Ein Regentropfen sagt zu den anderen Regentropfen: Warum klopfen wir so laut ans Fenster?

Und die Tropfen antworten: Hier wohnt der Arme und wir bringen ihm die Neuigkeit, dass das Brot wächst!

1. Ká - plja dóz - de - vá - ja ga - va - rit dru - gim:
Stó my zdésj va - kós - ko gróm - ko tak stu - cim?

2. Ótvecájut kápli: Zdesji bednják zyvjót,
mý jemú prinósim véstji sto chléb rastjót,
mý jemú prinósim véstji sto chléb rastjót,

1 Hört das russische Lied von der CD. 2/22
Sprecht über den Text des Liedes und erklärt, warum Regen in diesem Fall schön ist.

2 Summt die **Melodie** des Liedes oder singt sie auf die Tonsilben „du" oder „nu".
Zeigt dabei den Verlauf der Melodie mit der Hand mit.

3 Untersuche das Lied genau.
Schreibe deine Lösungen auf ein Blatt Papier.
Besprich deine Ideen mit einem Partnerkind.

① Mit welchem Notenwert beginnt das Lied?

② Welches ist der längste Notenwert, der im Lied vorkommt?

③ Gibt es im Lied eine Viertelpause?

④ Welcher Notenwert kommt im Lied am häufigsten vor?

⑤ Wie viele Achtelnoten findest du im Lied?

⑥ Was bedeutet in der zweiten Liedzeile das folgende Zeichen? :‖

⑦ Mit welchem Pausenwert endet das Lied?

Das Lied von der CD hören (Hörbeispiel CD 2/22) und darüber sprechen; die Melodie des Liedes summen und (auf Tonsilben) singen; dabei den Melodieverlauf mit der Hand mitzeigen; mithilfe der Fragekarten das Lied untersuchen; dabei Noten- und Pausenwerte unterscheiden sowie die Struktur der Wiederholung erklären

Manchmal ist Regen schön

1 Begleitet das gesamte Lied mit **Stabspielen**.
Die Texte helfen euch, im Rhythmus zu bleiben.

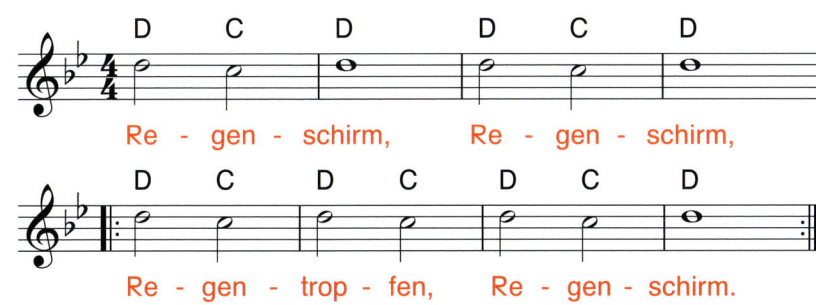

2 Lest das Gedicht und beschreibt die Fotos.
Wie wird der Regen dargestellt?

3 Erfindet in Kleingruppen eine passende Wind-Regen-Musik. Wählt dazu selbst geeignete Instrumente aus.

Regen

Große Tropfen platschen,
schwere Tropfen klatschen
wütend auf das Regendach.

Mantelkragen hochgeschlagen,
Schirm vor dem Gesicht getragen.
Kalter Wind wird wach.

Fegt daher und peitscht die Tropfen,
dass sie um so wilder klopfen
wütend auf das Regendach.

Alfons Schweiggert

Manchmal ist Regen schön

1 Lest den Vers und sprecht ihn rhythmisch sicher.

Ein Hut, ein Stock, ein Regenschirm

Text und Rhythmus: mündlich überliefert

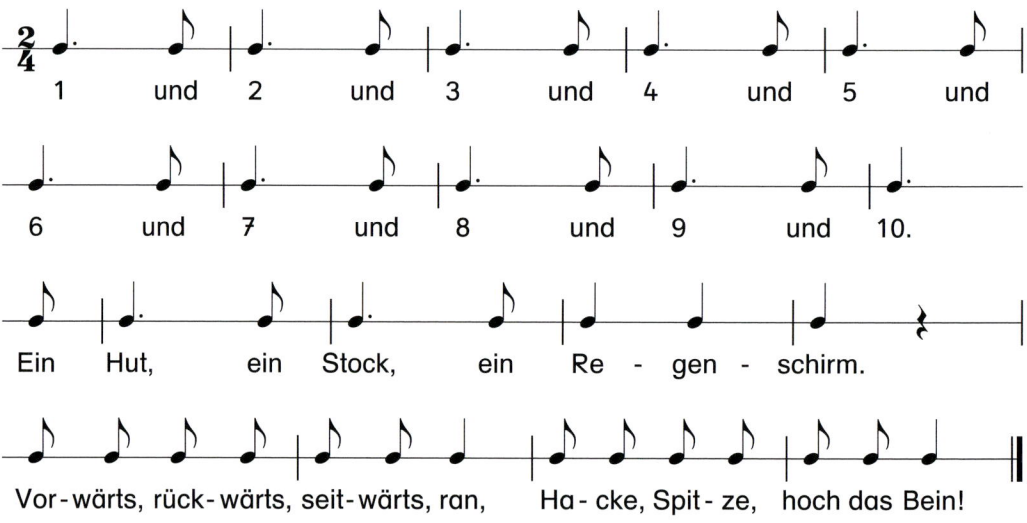

1 und 2 und 3 und 4 und 5 und
6 und 7 und 8 und 9 und 10.
Ein Hut, ein Stock, ein Re - gen - schirm.
Vor-wärts, rück-wärts, seit-wärts, ran, Ha-cke, Spit-ze, hoch das Bein!

Wie kennst du den Vers?

Ich kenne den Vers mit dem Text „himmelblauer Unterrock"...

Ich zähle immer nur bis 8.

Ich kann den Text auf Polnisch!

2 Bewegt euch zu dem Vers so, wie er meist getanzt wird. Führt die Bewegungen erst langsam, dann immer schneller aus.

Zeile 1–3:
Geht im Sprechrhythmus vorwärts.

Zeile 4:
Bleibt am Platz stehen und führt die zum Text passenden Bewegungen aus.

3 Denkt euch zum Sprechvers eigene Bewegungen aus. Erprobt dabei unterschiedliche Aufstellungsmöglichkeiten und Raumwege.

Zeilen 1–2: rückwärts gehen

Zeilen 1–2: in der Hocke gehen

Zeile 3: den Text pantomimisch unterstützen

Das Sprechstück rhythmisch sicher sprechen; über die vielfältigen Text- und Rhythmusvarianten des mündlich überlieferten Verses sprechen (oder diese im Internet recherchieren); den Vers mit vorgegebenen sowie selbst erfundenen Bewegungen gestalten; dabei verschiedene Raumwege und Raumebenen nutzen

Manchmal ist Regen schön

Die Kinderband „Die Lollipops" hat den Sprechvers „Ein Hut, ein Stock, ein Regenschirm" in einen Popsong verwandelt.

1 Hört das Lied von der CD und beschreibt, wie sich der Vers verändert hat. 2/24

2 Gestaltet das Lied mithilfe der Aktionskarten.

---

① Bildet Kleingruppen.

Ihr braucht:
- ✓ die Musik
- ✓ Papier und Stifte
- ✓ eventuell Gummistiefel, Hüte, Spazierstöcke, Regenschirme

---

② Hört das Musikstück mehrfach und probiert eigene Schritte und Bewegungsfolgen

„Wie tanzen wir den Refrain?"

„Wie tanzen wir die Strophen?"

---

③ Legt gemeinsam eine Bewegungsfolge fest und schreibt sie auf.

ANFANG?
Aufstellung?

HAUPTTEIL:
Popsong „Ein Hut, ein Stock, ein Regenschirm"

SCHLUSS?

---

④ Übt eure Bewegungsfolge bis ihr sie gut und sicher könnt. Macht eine Generalprobe.

- ✓ Könnt ihr alle Teile sicher und flüssig?
- ✓ Ist euer Ablauf überzeugend?
- ✓ Was könnt ihr noch verbessern?

---

⑤ Führt eure Choreografie vor und filmt eure Aufführung.

„Schaut mal, im Internet gibt es gute Tanzaufführungen zu dem Song."

Das Hörbeispiel CD 2/24 (Die Lollipops: Ein Hut, ein Stock, ein Regenschirm) hören; den Popsong mit dem Sprechvers vergleichen (Was ist gleich? Was ist anders?); mithilfe der Aktionskarten eine Choreografie entwickeln; die Ergebnisse präsentieren und besprechen; Zusatzangebot: im Internet Tanzaufführungen des Popsongs recherchieren

Manchmal ist Regen schön

Stell dir vor, es regnet schon seit Wochen und es ist keine Wetterbesserung in Sicht. Genau so geht es gerade Ritter Rost, dem Burgfräulein Bö und dem Drachen Koks, die auf der Eisernen Burg sehnsüchtig auf Sonnenschein warten ...

1 Hört den Song von der CD. Beschreibt, wie es Ritter Rost, Bö und Koks gelingt, bei dem vielen Regen nicht trübsinnig zu werden.
2/25

Sieben Wochen Regen   2/25

Text: Jörg Hilbert, Felix Janosa, Melodie: Felix Janosa

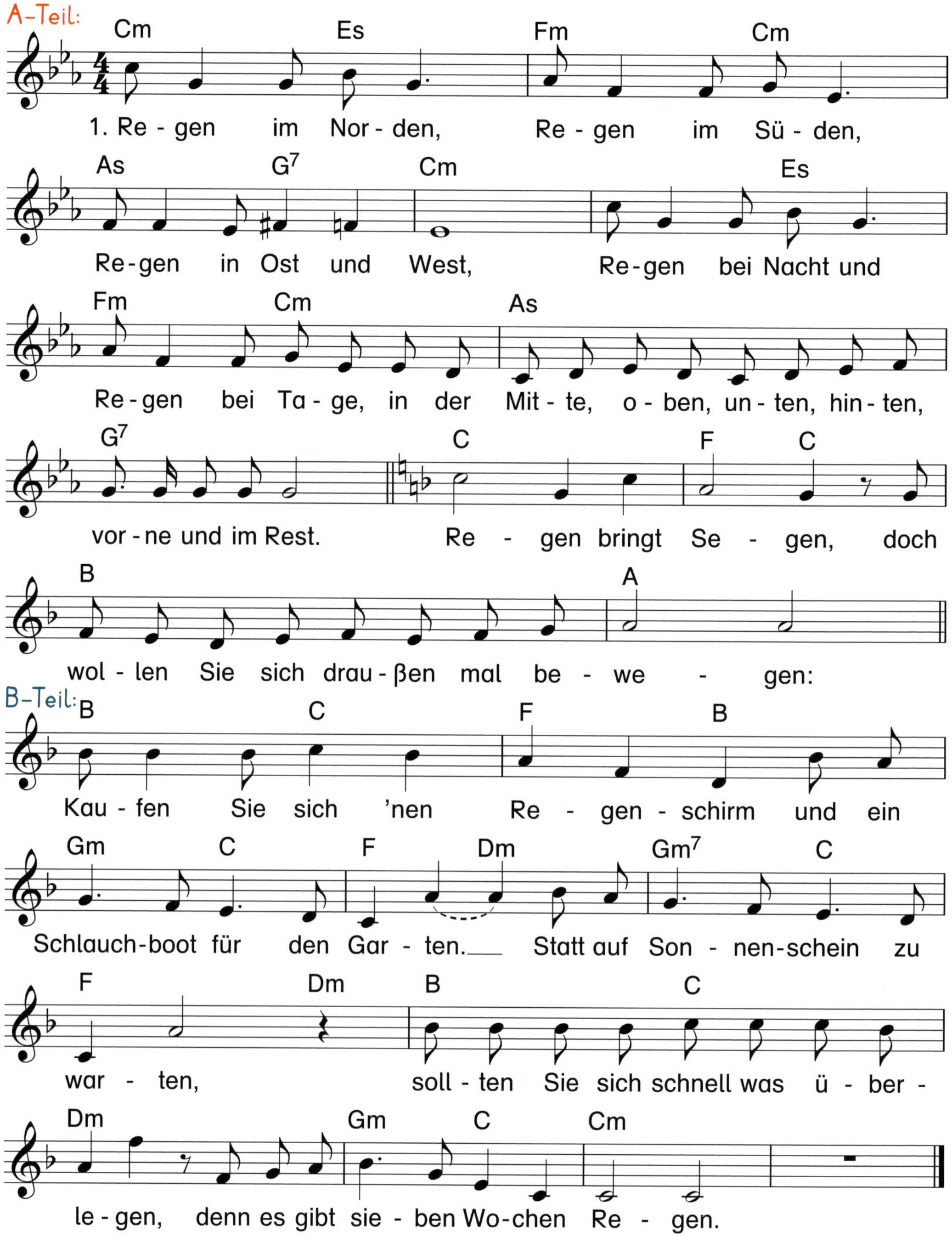

A-Teil:

1. Regen im Norden, Regen im Süden, Regen in Ost und West, Regen bei Nacht und Regen bei Tage, in der Mitte, oben, unten, hinten, vorne und im Rest. Regen bringt Segen, doch wollen Sie sich draußen mal bewegen:

B-Teil:

Kaufen Sie sich 'nen Regenschirm und ein Schlauchboot für den Garten. Statt auf Sonnenschein zu warten, sollten Sie sich schnell was überlegen, denn es gibt sieben Wochen Regen.

Manchmal ist Regen schön

2. Wolken in Mengen, Wolken in Massen,
   Wolken ganz grau und schwer,
   Wolken von oben, Wolken von unten,
   in der Mitte nass und oben, vorneweg und hinterher.
   Wolken voll Tropfen,
   die an die dünnen Fensterscheiben klopfen.

   Kaufen Sie sich 'nen Regenschirm,
   denn sonst werden Sie begossen.
   Taucherbrille und zwei Flossen
   brauchen Sie demnächst auf Ihren Wegen,
   denn es gibt sieben Wochen Regen.

3. Nass sind die Schuhe, nass sind die Socken,
   nass ist es offenbar
   unter dem Hemdchen, unter der Hose,
   in der Mitte, oben, unten, hinten, vorne und im Haar.
   Regen bringt Segen,
   doch wollen Sie sich drinnen mal bewegen:

   Kaufen Sie sich 'nen Regenschirm,
   und ein Büchlein über Fische,
   die sitzen dann an Ihrem Tische.
   Doch Sie brauchen nie mehr Staub zu fegen,
   denn es gibt sieben Wochen Regen.

1 Besorge dir einen Regenschirm und spiele im B-Teil des Liedes mit deinem Schirm mit. Der Text hilft dir, im Rhythmus zu bleiben.

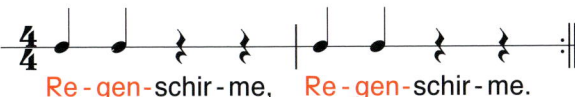

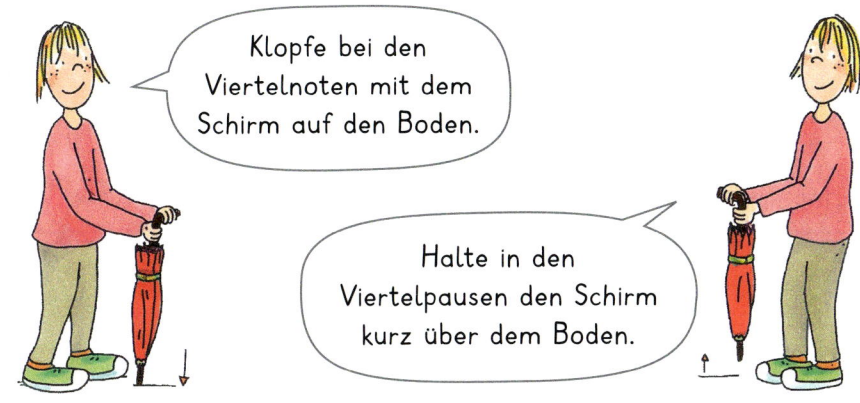

Klopfe bei den Viertelnoten mit dem Schirm auf den Boden.

Halte in den Viertelpausen den Schirm kurz über dem Boden.

2 Gestaltet zum Lied einen Regenschirm-Tanz.

Stellt euch mit euren Regenschirmen in einem großen Kreis auf.
Lasst eure Schirme im A-Teil des Liedes ruhen.

Klopft im B-Teil zweimal auf den Boden und reicht euren Schirm dann zum rechten Nachbarskind weiter.
Lasst eure Schirme in einem weiteren Durchgang auch einmal links herum wandern.

Den B-Teil des Liedes mit Regenschirmen rhythmisch begleiten; dabei die Noten- und Pausenwerte (Viertelnote/Viertelpause) sowie das Wiederholungszeichen thematisieren; mit den erarbeiteten Bewegungen einen Regenschirm-Kreistanz gestalten

Manchmal ist Regen schön

Herbstwirbel ⌾ 2/26

Text und Rhythmus:
Ulrich Moritz

① Wer macht die Blät - ter bun - ter? Wer wirft die Blät - ter run - ter?

② Wer wir - belt al - les kreuz und quer und durch - ei - nan - der?

③ Das macht der Herbst - wir - bel! Das macht der Herbst - wir - bel!

④ Der wir - belt al - les kreuz und quer und durch - ei - nan - der!

1 Sprecht die vier Zeilen rhythmisch und klatscht bei jeder roten Note.

Wenn ihr mögt, könnt ihr die vier Zeilen auch gleichzeitig sprechen.

Achtet beim mehrstimmigen Sprechen auf die exakte Tondauer der Viertelnoten und Achtelnoten.

2 Bildet einen großen Sitzkreis. Sprecht den Vers mehrfach. Bewegt euch zu jeder Zeile so, wie die Kinder es euch zeigen.

① Patscht mit beiden Händen auf eurem Körper von oben nach unten.

② Patscht auf die eigenen Oberschenkel sowie auf die eurer Nachbarkinder.

③ Steht von eurem Stuhl auf und lauft durch den Raum.

④ Sucht am Ende der 4. Zeile einen neuen Platz und setzt euch dorthin.

Das Sprechstück deutlich artikuliert sprechen; alle roten Noten zusätzlich durch Klatschen akzentuieren; in vier Gruppen jeweils eine Sprechzeile üben; diese anschließend einstimmig und auch mehrstimmig sprechen; mithilfe der Tanzbeschreibung das Sprechstück als Platzwechselspiel gestalten

Manchmal ist Regen schön

Herr Bst 2/27–28

Text und Melodie:
Uli Führe

1. Herr Bst geht durch das Land. Mit den Far-ben in der Hand kleckst er Rot und Gelb und ganz viel Braun, ach, wie schön ist al-les an-zu-schau'n!

Refrain: Ja su-na lu-na-ja, ja su-na lu-na-ja.

2. Herr Bst geht durch das Land,
hat den Nebelstab zur Hand.
Und die Schleier schweben grau in grau,
nur noch selten zeigt sich Himmelsblau.
Ja suna …

3. Herr Bst geht durch das Land,
öffnet seinen Kälteschrank.
Lässt ihn auf, die Kühle fließt hinaus,
und der Frost legt sich auf Feld und Haus.
Ja suna …

4. Herr Bst geht durch das Land,
und er zieht ein leises Band.
Er verteilt ein Pst mal hier, mal da,
und es wird ganz still, dort, wo er war.
Ja suna…

1 Spielt das Lied von Herrn Bst.

Verteilt euch im Raum und singt das Lied
in aufrechter, leicht gespannter Haltung.
Wählt ein Kind aus, das während des Liedes
als „Herr Bst" durch den Raum wandert.
Berührt „Herr Bst" ein Kind leise mit seinem
Finger, so verstummt dieses Kind.
Nach und nach wird der Gesang in der Klasse
leiser und leiser.

Zeige den Verlauf deiner Singstimme doch einmal mit der Hand mit.

Achte genau darauf, wann die Melodie höher und wann sie tiefer wird.

2 Singt zum Refrain des Liedes eine zweite Stimme.

2. Stimme: Ja su-na-ja, ja su-na-ja.

Das Lied singen; zum Einhalten der Viertelpausen schnalzen oder mit Fingerzimbeln mitspielen; in Anknüpfung an die vierte Strophe ein Bewegungsspiel durchführen; zum Refrain des Liedes eine zweite Stimme erarbeiten; als Intonationsübung den Tonhöhenverlauf (höher/tiefer werden) bewusst verfolgen und mit der Hand mitzeigen

Manchmal ist Regen schön

Leise pfeift der Wind 2/29 – 30

Text und Melodie: Markus Detterbeck, Gero Schmidt-Oberländer

Lei - se pfeift der Wind durch Wald und Bäu - me, Bäu - me,
Blät - ter tan - zen herbst - lich bun - te Träu - me, Träu - me.
Wun - der - schö - ne Herbs - tes - träu - me, Träu - me,
u - i - u - i - u - i - u - i, u - i.

1 Singt das Lied in einer ruhigen Stimmung. Gestaltet die roten Texte als Echo. Probiert verschiedene Gestaltungen aus:

① Alle Kinder singen das Echo.

② Eine kleine Kindergruppe singt das Echo.

③ Ein Solist oder eine Solistin singt das Echo.

2 Spielt zur ersten Liedzeile mit Metallofonen mit.

Lei - se pfeift der Wind durch Wald und Bäu - me, Bäu - me.

3 Begleitet die zweite Liedzeile zweistimmig mit **Boomwhackers**. Übt dazu eine spezielle Spieltechnik.

Bewegt euren Boomwhacker schnell zwischen der Handfläche und dem Oberschenkel hin und her.
Durch die rasche Pendelbewegung entsteht ein langer, gleichmäßiger Ton, der auch „Tremolo" genannt wird.
Das Wort „tremolo" kommt aus dem Italienischen und bedeutet „zitternd".

1. Stimme

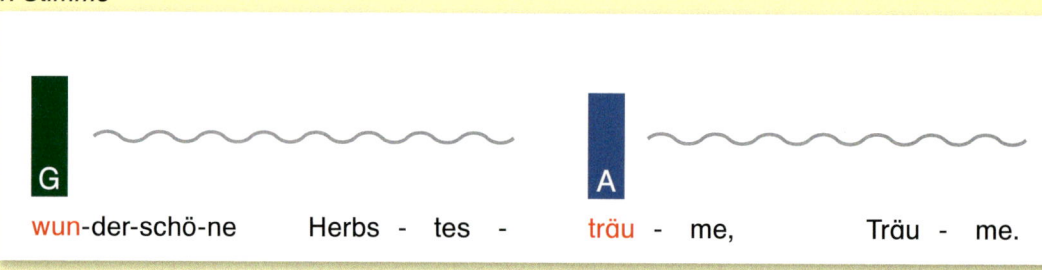

2. Stimme

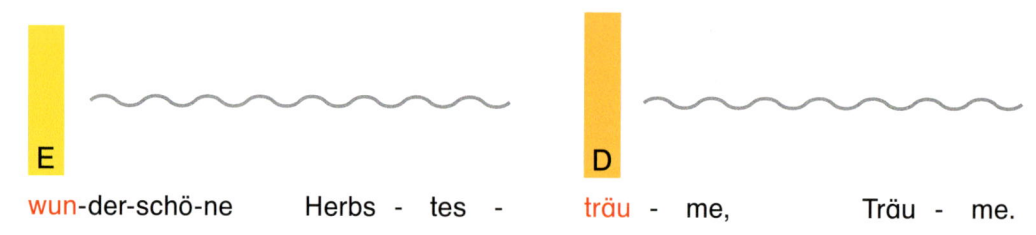

Über einen herbstlichen Einstieg (z. B. eine kurze Fantasiereise „Herbstspaziergang") eine ruhige Stimmung für das Lied kreieren; das Lied kennen- und singen lernen; dabei verschiedene Arten der Echo-Gestaltung erproben; die erste Liedzeile mit Metallofonen, die zweite mit Boomwhackers in Tremolo-Technik begleiten

Manchmal ist Regen schön

Wo ein Mensch Vertrauen gibt ● 2/31–32

Text: Hans-Jürgen Netz,
Melodie: Fritz Baltruweit

1. Wo ein Mensch Vertrauen gibt,
nicht nur an sich selber denkt,
fällt ein Tropfen von dem Regen,
der aus Wüsten Gärten macht.

2. Wo ein Mensch den andern sieht,
nicht nur sich und seine Welt,
fällt ein Tropfen von dem Regen,
der aus Wüsten Gärten macht.

3. Wo ein Mensch sich selbst verschenkt
und den alten Weg verlässt,
fällt ein Tropfen von dem Regen,
der aus Wüsten Gärten macht.

1 Begleitet das gesamte Lied mit **Stabspielen**.

Den oberen Ton spielst du mit dem rechten Schlägel, den unteren Ton mit dem linken Schlägel.

Ich kann die Begleitung auch auf dem Klavier spielen. Das klingt richtig schön!

Das religiöse Lied singen und den Inhalt reflektieren; das gesamte Lied mit einem zweistimmigen Stabspielsatz begleiten; dabei die beidhändige Spieltechnik sicher anwenden; Zusatzangebot für Instrumentalkinder: die Begleitung des Liedes auf dem Klavier oder Keyboard spielen

Hurra, es schneit

1 Findet euch zu zweit zusammen.
Führt vor dem Singen des Winterliedes ein Stimmtraining durch.
Folgt dazu den Aktionen der Karten.

① Klopft euch den Schnee locker aus den Kleidern und stampft den Schnee von den Schuhsohlen.

② Pustet einen Wattebausch 10-mal auf einer Tischplatte hin und her.

"Puste vorsichtig, sonst fällt die Watte vom Tisch!"

"Fffft!"

③ Sprecht die Zungenbrecher langsam und schnell, hoch und tief, laut und leise. Lernt einen Zungenbrecher auswendig.

Sieben Schneeschipper schippen sieben Schippen Schnee.

Kreischende Krähen knabbern im kalten Winter Kerne und Körner.

④ Gestaltet ein winterliches Bergpanorama: Ein Kind malt den Verlauf der Berge in die Luft; das zweite Kind folgt mit der Stimme.

"no"

⑤ Besorgt euch ein Stabspiel: Ein Kind spielt einen Ton vor. Das zweite Kind hört genau zu und summt den Ton exakt nach.

"Super, jetzt sind wir für das Singen perfekt vorbereitet!"

Als Vorbereitung für das Singen gemeinsam und/oder in Partnerarbeit ein winterliches Stimmtraining durchführen; dabei zu allen Bereichen der Stimmbildung (Körperhaltung, Atmung, Artikulation, Öffnung der Resonanzräume, Stimmklangübungen, Intonationsübung) gezielte Übungen ausführen

Hurra, es schneit

Hurra, es schneit 🔘 3/1

Text und Melodie: Nena Kerner

1. Heu-te kann uns nichts mehr hal-ten. Heu-te geh'n wir Schlit-ten fahr'n, und wir bau'n den größ-ten Schnee-mann und die schnells-te Ro-del-bahn.

Refrain: Es schneit! Hur-ra, hur-ra, es schneit! Die Welt hat jetzt ein neu-es Kleid! Hat der Win-ter gut ge-macht, so viel Schnee, welch ei-ne Pracht!

2. Heute bleibt kein Kind zu Haus.
   Heute wollen alle raus.
   Mit Schal und dicken Pudelmützen
   könn' wir lange draußen sitzen.
   Es schneit! Hurra, hurra, es schneit ...

3. Immer wieder auf und ab
   geht's an uns'rem Berg tripp trapp,
   alleine oder im Gespann,
   bis so mancher nicht mehr kann.
   Es schneit! Hurra, hurra, es schneit ...

4. Die andern roll'n die ersten Kugeln
   für die große Schneeballschlacht.
   Hui, da komm'n sie angeflogen,
   und es wird ganz viel gelacht.
   Es schneit! Hurra, hurra, es schneit ...

5. „Kinder, Kinder!", ruft der Schneemann.
   „Jetzt wird's Zeit nach Haus zu geh'n.
   Kalte Füße, rote Nasen,
   morgen gibt's ein Wiederseh'n!"
   Es schneit! Hurra, hurra, es schneit ...

1 Hört das Lied von Nena von der CD. 🔘 3/1

Kennst du Nena?
Nena, die mit echtem Namen Gabriele Susanne Kerner heißt, ist eine sehr bekannte und erfolgreiche Sängerin. Weltweit berühmt wurde Nena im Alter von 23 Jahren mit ihrem Song „99 Luftballons".
Nena schreibt nicht nur erfolgreiche Popsongs, sondern produziert auch viele Lieder für Kinder. Das Lied „Hurra, es schneit" stammt aus ihrer Sammlung „Nenas Weihnachtsreise", die sie bereits 1997 veröffentlichte.

2 Lest den Text des Liedes und sprecht darüber: Was mögt ihr im Winter besonders gerne?

3 Singt das Lied.
Versucht, die **Melodie** des Liedes mit langen Atembögen zu singen. Teilt eure Luft gut ein und atmet nur bei jedem ▼.

Das Lied von der CD hören (CD 3/1) und es mithilfe des Fotos und Informationstextes in historische und biografische Zusammenhänge einordnen; das Lied singen; dabei die Atemluft bewusst dosieren und über längere Atembögen anstrengungsfrei singen; dazu die markierten Atemstellen (rote Dreiecke) als Orientierung nutzen

Hurra, es schneit

1 Singt den Schluss des Liedes und sprecht über den Verlauf der Melodie.

Text und Melodie: Nena Kerner

Hat der Win - ter gut ge - macht, so viel Schnee, welch ei - ne Pracht!

Die Melodie geht fast nur abwärts.

Der Schluss beginnt und endet mit dem Ton C.

2 Spielt den Schluss des Liedes auf einem Stabspiel, einem Keyboard oder mithilfe einer Klavier-App auf dem Tablet.

3 Erfindet einen neuen Schluss für das Lied und schreibt die Töne auf.
Achtung: Jede Schneeflocke soll ein Ton sein.

Hat der Win - ter gut ge - macht, so viel Schnee, welch ei - ne Pracht!

?

Wie kann ich meine Melodie aufschreiben?
Um eine Melodie, also einen Tonhöhenverlauf, zu notieren, gibt es eine spezielle Notenschrift. Für die Schrift brauchst du Notenlinien, einen Notenschlüssel und Noten.

Jeder Ton wird auf einer Notenlinie oder in einem Zwischenraum notiert. Je nach ihrer Lage haben die Noten verschiedene Namen. Diese werden mit Buchstaben benannt.

Notenlinien	Notenschlüssel	Noten	verschiedene Notennamen
5. Linie 4. Linie — 4. Zwischenraum 3. Linie — 3. Zwischenraum 2. Linie — 2. Zwischenraum 1. Linie — 1. Zwischenraum		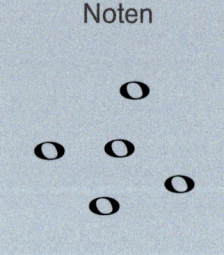	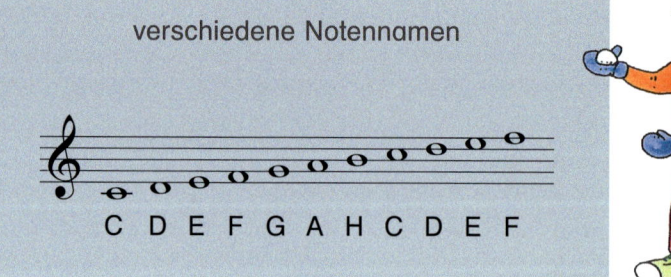 C D E F G A H C D E F

Den Schluss des Liedes singen und den Tonhöhenverlauf beschreiben; die gezeigte Liedzeile auf einem Stabspiel, einem Tasteninstrument oder einem Tablet musizieren; für das Erfinden und Notieren einer eigenen Melodie Notenlinien, Notenschlüssel und Notennamen (c'-f'') kennenlernen; den eigenen Schluss notieren und vortragen

Hurra, es schneit

1 Findet euch zu zweit zusammen.
Übt die Namen der Noten mithilfe der Aktionskarten.

① Tonleiter-Baustelle
Baut die Klangstäbe eines Stabspiels richtig ein und wieder aus. Verwendet beim Aufbauen und Abbauen immer beide Hände.

② Tonleiter-Singen
Spielt die Töne auf einem Stabspiel aufwärts und abwärts. Singt dazu die Tonnamen.

„C, D, E, F, G, A, H, C"

③ Rauf und runter
Spielt auf eurem Stabspiel eine Schlittenfahrt: Wie klingt es, wenn ihr den Schlitten langsam den Berg hinaufzieht? Wie klingt es, wenn ihr abwärts saust?

④ Noten-Wunschkonzert
Legt mit Wollfäden Notenlinien und einen Notenschlüssel auf eine Filzunterlage. Benennt abwechselnd Töne, die ihr mit Knöpfen in die Notenzeile legt.

„Ich wünsche mir ein G."

⑤ Noten-Rätsel
Übertragt die Noten auf ein Blatt Papier. Schreibt unter jeden Ton den richtigen Tonnamen. Welche Begriffe findet ihr? Denkt euch auch eigene Notenrätsel aus.

a) ? ? ? ?
b) S ? ? N ? ?
c) ? R ? ?
d) ? ? S ?

Mithilfe der Aktionskarten Grundkenntnisse der traditionellen Notation (Notenzeile, Notenschlüssel, Notennamen, Tonleiter) erwerben und sichern; im Umgang mit einem Stabspiel die Tonnamen und die Tonleiter (C-Dur) üben; eigene Spielstücke erfinden sowie rätselhafte Spielformate ausführen

Hurra, es schneit

Wusstest du, dass der Schlitten und das Schlittenfahren schon eine sehr lange Geschichte und Tradition haben? Die alten Ägypter waren wohl die ersten, die sich Schlitten mit Kufen bauten, um schwere Lasten leichter zu ihren Baustellen bringen zu können. Später wurden die Schlitten nicht nur als Transportmittel, sondern vor allem als Sportgerät und Vergnügungsmittel beliebt. In der Musik gab es viele **Komponisten**, die Schlittenfahrten beschrieben haben.

Sehr bekannt und beliebt wurde das Musikstück „Die musikalische Schlittenfahrt", welches **Leopold Mozart**, der Vater des berühmten **Wolfgang Amadeus Mozart**, bereits vor über 250 Jahren komponierte.
In der Zeit von Leopold Mozart waren es die Adligen und Reichen, die mit prächtigen Schlitten und geschmückten Pferden regelmäßig eindrucksvolle Schlittenfahrten veranstalteten.

1 Hört gemeinsam einen Ausschnitt aus der „Musikalischen Schlittenfahrt". ⏺ 3/2
Erzählt, mit welchen Mitteln Leopold Mozart seine Schlittenfahrt beschreibt.

2 Hört die Musik noch einmal. Verfolgt das Laufen der Pferde: Klopft dazu mit euren Fingern im Puls der Musik auf dem Tisch mit.

Ganz schön rasch, die Pferde!

3 Wähle einen Bereich aus, auf den du beim Hören besonders achten möchtest: Die **Instrumente** oder das **Tempo**. Schreibe deine Höreindrücke mit eigenen Worten auf oder nutze die Fragen der Karten.

die Instrumente

① Welche Instrumente kannst du heraushören?

② Spielen die Glöckchen während der ganzen Zeit?

③ Wie oft erklingt die Peitsche?

das Tempo

① Wird der Pferdeschlitten immer schneller?

② Bremst der Schlitten an irgendeiner Stelle?

③ Bleibt das Tempo des Pferdeschlittens immer gleich?

4 Suche dir ein Partnerkind, das auch deinen Bereich bearbeitet hat. Besprecht und vergleicht eure Ergebnisse. Präsentiert eure Ideen in der Klasse. Sind die Ergebnisse alle gleich oder eher unterschiedlich?

5 Höre die Musik erneut von der CD. Schreibe zu der Musik eine Geschichte oder male ein Bild.

Hurra, es schneit

1 Übt für die Schlittenfahrt von Leopold Mozart einen Mitspielsatz mit Instrumenten. Spielt für:

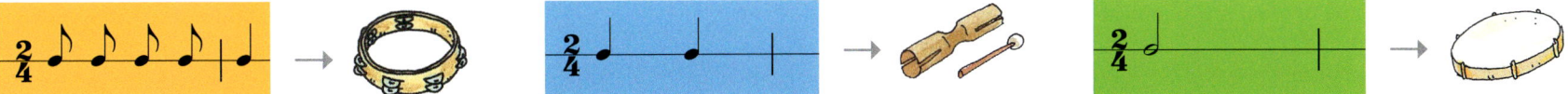

Achtet auf die **Taktart**! Betont in jedem Takt die 1. Zählzeit, indem ihr sie etwas lauter spielt.

Achtet auf die **Wiederholungszeichen**! Die Begleitung für Teil 1 und Teil 2 wird jeweils komplett wiederholt.

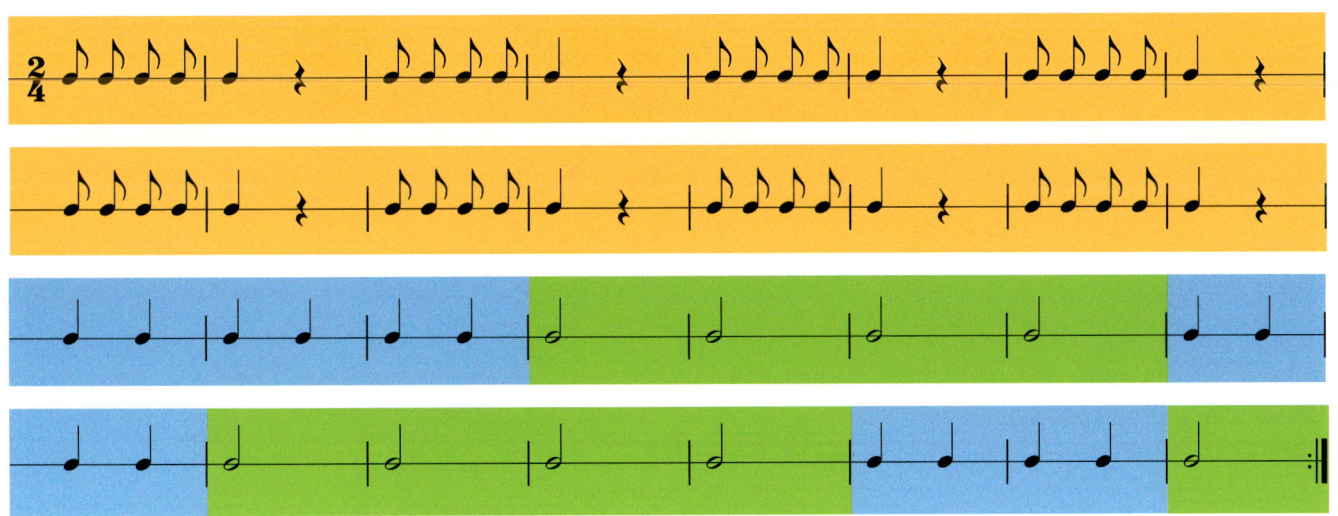

Zum Hörbeispiel CD 3/2 (L. Mozart: Die Schlittenfahrt) einen umfangreichen Mitspielsatz mit Rhythmusinstrumenten erarbeiten; dabei die Notenwerte, den Zweivierteltakt (betonte und unbetonte Zählzeiten) sowie die Struktur der Wiederholung – ggf. auch mithilfe des Fidelio-Lexikons – besprechen und bewusst gestalten

Hurra, es schneit

Weihnachten weltweit 3/3–4

Text und Melodie: Daniela Dicker

Wann wird Weihnachten welt-weit wun-der-bar?
Wann wird Weihnachten ü-ber-all ein Fest?
Dann, wenn je-des Kind auf der gan-zen Welt
für ein an-de-res es Weih-nacht wer-den lässt.
1. Tei-le dei-ne Träu-me. Träu-me nicht al-lein. Wenn
kei-ner mehr al-lei-ne träumt, wird welt-weit Weih-nacht sein.

Wann wird Weihnachten …
2. Schenke bunte Farben.
Male sie mit Licht.
Das ist, als wenn ein heller Stern
die dunkle Nacht zerbricht.

Wann wird Weihnachten …
3. Singe schöne Lieder.
Lass Musik entsteh'n.
Wo Töne zu Musik sich finden,
kann kein Streit besteh'n.

Wann wird Weihnachten …
4. Setze deine Worte
für die Liebe ein.
Wo Liebe ist, kann Frieden und kann
wirklich Weihnacht sein.
Wann wird Weihnachten …

1 Übt das **Lied** und gestaltet es so:
Singt den Refrain gemeinsam.
Tragt die Strophen solistisch oder in Kleingruppen vor.

2 Begleitet den Refrain des Liedes mit **Stabspielen**.
Der Text hilft euch, im Rhythmus zu bleiben.

Den Text des Liedes lesen und über den Inhalt des Liedes sprechen; den Refrain des Liedes gemeinsam singen; die Strophen jeweils solistisch oder in Kleingruppen auswendig vortragen; für den Refrain eine zweistimmige Begleitung mit Stabspielen erarbeiten

Hurra, es schneit

Wlesu rodilas jolotschka ● 3/5

Text und Melodie: mündlich überliefert

Wle - su ro - di - las jo - lotsch - ka. Wle - su o - na ross - la. Si - moj i le - tom stroi - na - ja se - lö - na - ja by - la. Si - moj i le - tom stroi - na - ja se - lö - na - ja by - la.

1 Das Lied dieser Seite kommt ursprünglich aus Russland. Kennst du das Lied?

2 Feierst du Weihnachten?
Wenn ja: Welche Weihnachtslieder sind bei dir bekannt und beliebt? Erzähle.

Sag mal, stimmt es eigentlich, dass in Russland erst am 6. Januar der Heilige Abend ist?

Dieses Weihnachtslied ist bei uns in Russland sehr bekannt und beliebt. Es erzählt von einer Tanne im Wald, die später als Weihnachtsbaum geschmückt wird.

3 Hört das Lied von der CD und verfolgt die Noten im Buch. Summt die **Melodie** des Liedes oder singt sie auf die Tonsilben „du" oder „no".

4 Hört das Lied erneut von der CD und verfolgt dazu die unten stehenden Noten. Was fällt euch auf? Was ist gleich und was ist anders?

Wle - su ro - di - las jo - lotsch - ka. Wle - su o - na ross - la. Si - moj i le - tom stroi - na - ja se - lö - na - ja by - la.

Das Lied von der CD (Hörbeispiel CD 3/5) hören; die Melodie des Liedes in den Noten mitverfolgen, summen und auf Tonsilben singen; mithilfe der beiden Notationen die Wiederholung eines Liedteils erkennen und die Funktion der Wiederholungszeichen benennen; Zusatzangebot: Weihnachtslieder aus den Heimatländern der Kinder singen

Hurra, es schneit

Im Dezember, jedes Jahr ● 3/6

Text und Melodie: mündlich überliefert,
dt. Text/Bearbeitung: Rita Mölders, Reinhard Horn

Mer-ry Christ-mas, fro-he Weih-nacht klingt es ü-ber-all im Land.

Mer-ry Christ-mas, fro-he Weih-nacht, Men-schen rei-chen sich die Hand.

1. Au-gen strah-len hell wie Ster-ne, Glo-cken-klang aus wei-ter Fer-ne,

im De-zem-ber, je-des Jahr, wird das Wun-der wie-der wahr.

Dieses Lied kommt eigentlich aus Polen. Also: Wesołych Świąt!

Merry Christmas, frohe Weihnacht ...

2. Viele kleine Weihnachtslichter
zaubern Wärme auf Gesichter,
im Dezember, jedes Jahr,
wird das Wunder wieder wahr.

Merry Christmas, frohe Weihnacht ...

3. Zeit, an andere zu denken,
seine Liebe zu verschenken,
im Dezember, jedes Jahr,
wird das Wunder wieder wahr.

Schon gewusst? Im Dreivierteltakt enthält jeder Takt drei Schläge. Die erste, rote Zählzeit ist immer betont.

1 betont 2 unbetont 3 unbetont

1 Übt für den Refrain eine Begleitung im Dreivierteltakt. Unterscheidet die erste, betonte Zählzeit von den unbetonten Zählzeiten.

Mer-ry ...

① rote Noten = patschen
schwarze Noten = klatschen

② rote Noten = Schellentrommel
schwarze Noten = Claves

③ rote Noten = Bongo (rechte Hand)
schwarze Noten = Bongo (linke Hand)

④ rote Noten = ?
schwarze Noten = ?

Das Lied singen; den Refrain zunächst mit Bodypercussion im Dreivierteltakt begleiten; dabei die erste, betonte Zählzeit (patschen) von den anderen Zählzeiten (klatschen) bewusst unterscheiden; die Begleitung anschließend auf verschiedene Körper- und Rhythmusinstrumente übertragen

Hurra, es schneit

Feliz Navidad 3/7

Text und Melodie: José Feliciano

Fe - liz Na - vi - dad. Fe - liz Na - vi - dad. Fe - liz Na - vi - dad. Fe - liz Na - vi - dad. Fe - liz Na - vi - dad, pros - pe - ro a - ño y fe - li - ci - dad.

I want to wish you a Mer - ry Christ - mas.
I want to wish you a Mer - ry Christ - mas.
I want to wish you a Mer - ry Christ - mas from the bot - tom of my heart.

Warum singt José Feliciano sein Lied auf Spanisch und Englisch?
Der Komponist des Liedes, José Feliciano, wurde 1945 in Puerto Rico geboren. Dort wuchs José Feliciano zunächst mit der spanischen Sprache auf. Bereits als Fünfjähriger wanderte Feliciano mit seinen Eltern nach New York aus, wo er später ein berühmter Musiker, Sänger und Songschreiber wurde. Mit 25 Jahren schrieb er seinen größten Hit: Feliz Navidad. In dem Lied vereint José Feliciano seine Muttersprache sowie die Sprache seiner neuen Heimat.

1 Hört das Lied von der CD. 3/7
Verfolgt und übersetzt den Liedtext mithilfe der Wortkarten.

2 Singt das Lied mithilfe der Wortkarten. Flüstert die Textstellen der roten Noten leise (piano), aber deutlich.

Feliz Navidad	prospero año	felicidad	Merry Christmas	from the bottom of my heart
Frohe Weihnachten	Frohes Jahr	Glück	Frohe Weihnachten	aus tiefstem Herzen

Das Hörbeispiel CD 3/7 (J. Feliciano: Feliz Navidad) bewusst hören und in biografische und historische Bezüge einordnen; den zweisprachigen Liedtext beim Hören verfolgen und mithilfe der Wortkarten übersetzen; das Lied singen und die roten Textstellen als Echo leise (= piano) und deutlich artikuliert flüstern

Die Luftpumpe Luftikus

Die Luftpumpe Luftikus 3/8

Text und Melodie: Lötti Löttgen

1. Strophe *(gesprochen):*
   Ich bin die Luftpumpe Luftikus
   und ich weiß ganz genau,
   wo die Luft rein muss, wo die Luft rein muss,
   denn ich bin furchtbar schlau.

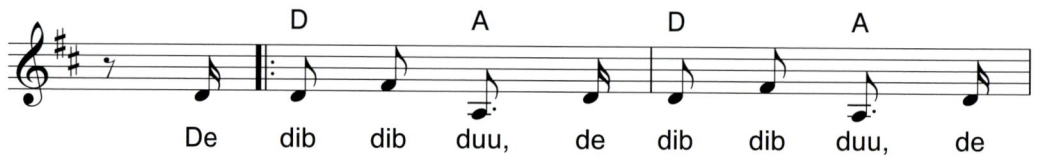

2. Strophe *(gesprochen):*
   Fehlt an deinem Fahrrad ein bisschen Luft,
   dann brauchst du mich, den Luftikus,
   denn ohne mich, da bleibt dein Rad
   total platt.
   Ich mach die Luft ...

3. Strophe *(gesprochen):*
   Ich pumpe hier, ich pumpe da,
   und hier und da und hier und da,
   dicke Schläuche, dünne Schläuche,
   dicke Schläuche, dünne Schläuche,
   ganz egal, egal.
   Ich mach die Luft ...

Den Inhalt der Bildergeschichte erzählen; die acht Textteile (Seite 85, Aufgabe 1) sortieren und die richtige Symbolfolge notieren; in Partnerarbeit den Text als Bewegungs- und Stimmbildungsgeschichte umsetzen; dabei Stimmbildungsübungen und Stimmimprovisationen ausführen und diese sinnvoll mit Bewegungen verknüpfen

Die Luftpumpe Luftikus

De dib dib duu, de dib dib duu, de dib dib duu, ich hab zu tun. De dib dib duu. So, ich hab zu tun!

4. Strophe *(gesprochen):*
Denn mein Name, der ist Luftikus
und ich weiß ganz genau,
wo die Luft rein muss, wo die Luft rein muss,
denn ich bin furchtbar schlau.
Ich mach die Luft … *(3-mal)*

1 Schaut euch den Comic der linken Seite genau an.
Ordnet die acht Textteile in der richtigen Reihenfolge.
Schreibt die Symbole in der passenden Folge auf.

2 Gestaltet den Text zu zweit:
Ein Kind liest den Text vor, das andere Kind erfindet
zum Text spontane Stimmaktionen und Bewegungen.

★ Er findet sein Fahrrad und schleppt es mit viel Mühe die steile Kellertreppe hoch.

■ Da hilft nur eins: Pumpen!

◆ Ein paar Bienen summen herum.

● So ein Glück! Der Reifen hält die Luft. Benni setzt den Helm auf, springt auf sein Rad und los geht die Fahrt.

○ Eines Morgens öffnet Benni das Fenster. Er schnuppert Frühlingsluft.

▼ Endlich hat Benni es geschafft. Er möchte direkt losfahren. Aber o weh! Was ist denn da passiert? Die Luft ist aus dem Reifen entwichen.

□ Benni überlegt sich, wie schön es wäre, mit dem Fahrrad über das Feld zu brausen. Fröhlich summend läuft er in den Keller.

▲ Er stöhnt und ächzt mit „Uh!" und „Ah". Das Fahrrad ist wirklich schwer.

3 Hört den Luftikus-Rap von der CD. 🔘 3/8
Erzählt, wie der Luftikus bei platten Reifen helfen kann.

4 Spielt nach den Strophen 1–3 zu den Refrainzeilen „De dib dib" mit dem Xylofon mit.

De dib dib …

5 Begleitet die Strophen durchgängig so:

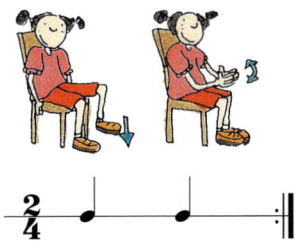

Die „Luftpumpe Luftikus" von der CD (Hörbeispiel CD 3/8) hören; das Stück deutlich artikuliert sprechen und singen; dabei beim „ft, ft …" die Atmung im Körper bewusst erspüren; die Strophen des Liedes mit Bodypercussion, den melodischen Teil des Refrains (Strophe 1–3) mit Stabspielen (oder alternativ mit Boomwhackers) begleiten

Die Luftpumpe Luftikus

Ich fahre gerne Rad 3/9 – 10

Text und Melodie:
Lorenz Maierhofer

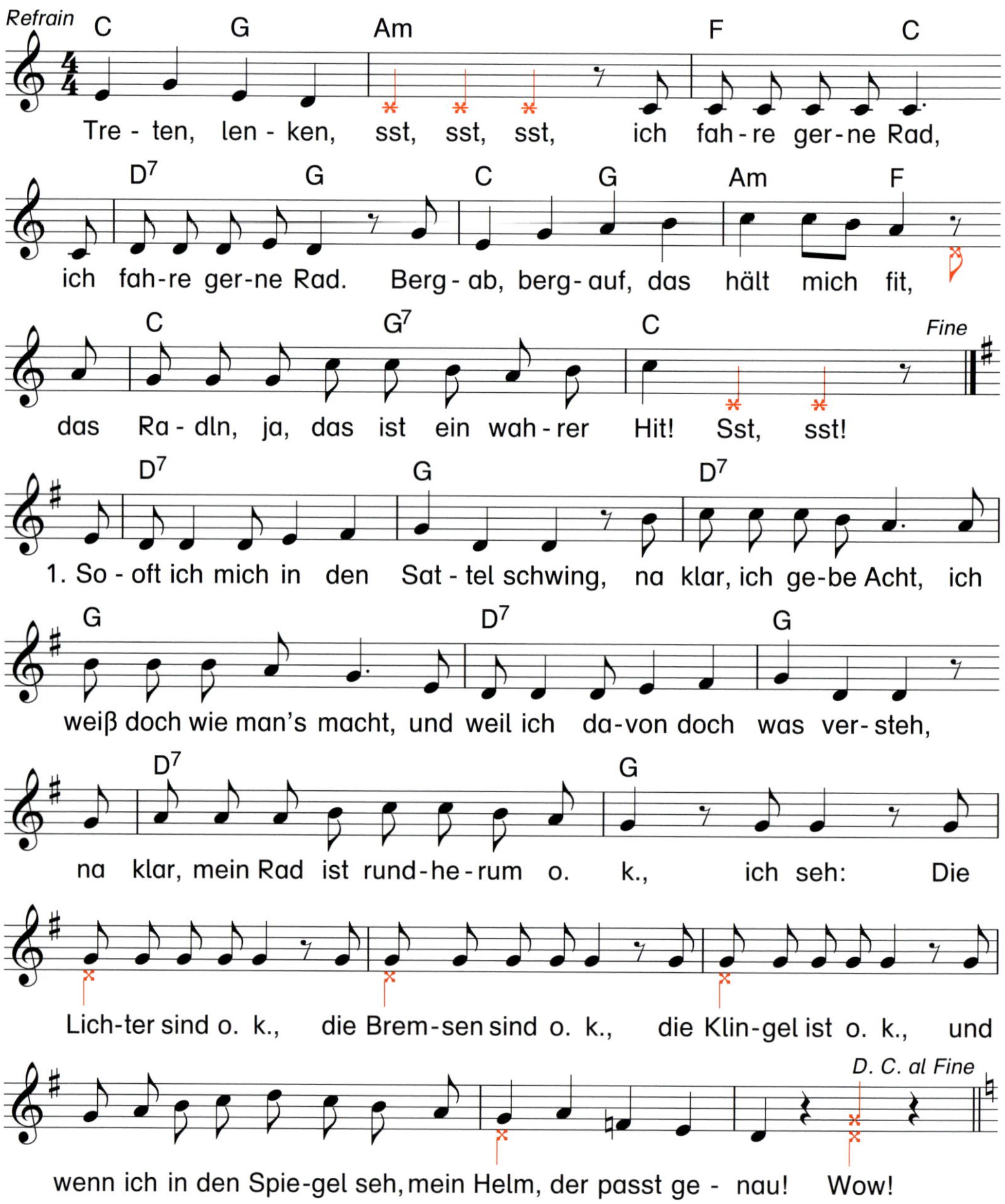

Tre- ten, len- ken, sst, sst, sst, ich fah-re ger-ne Rad,
ich fah-re ger-ne Rad. Berg-ab, berg-auf, das hält mich fit,
das Ra-dln, ja, das ist ein wah-rer Hit! Sst, sst!

1. So- oft ich mich in den Sat-tel schwing, na klar, ich ge-be Acht, ich
weiß doch wie man's macht, und weil ich da-von doch was ver-steh,
na klar, mein Rad ist rund-he-rum o. k., ich seh: Die
Lich-ter sind o. k., die Brem-sen sind o. k., die Klin-gel ist o. k., und
wenn ich in den Spie-gel seh, mein Helm, der passt ge- nau! Wow!

1 Singt das Lied und klatscht, patscht, schnipst oder schnalzt bei allen roten Noten.

Das Lied schrittweise kennen- und singen lernen; über die Vorzüge des Fahrrads als Verkehrsmittel sprechen und Teile des Fahrrads sowie der Sicherheitsausrüstung wiederholen; das Lied beim Singen im Notentext verfolgen und die rot gedruckten Noten mit Bodypercussion gestalten

Die Luftpumpe Luftikus

1 Baue dir ein Frühlings-Caxixi (sprich: Kaschischi) und probiere die folgenden zwei Spielweisen aus:

2 Spielt das Fahrradteile-Spiel.

Ein von euch ausgewähltes Kind nennt ein Nomen.

Hinterrad

Sattel   Luftballon

?

Ist der genannte Begriff KEIN Fahrradteil, so antworten alle Kinder mit:

Handelt es sich bei dem genannten Wort um EIN Fahrradteil, so antworten alle Kinder mit:

3 Begleitet das Lied mit euren Caxixis

Spielt zum Refrain  und betont ♩-Noten mit .

Spielt in der Strophe nur dann , wenn ein Fahrradteil genannt ist.

Für das Rasselinstrument (Caxixi) eine Dose mit Schüttelmaterial (z.B. mit Reis) füllen; die Dosenöffnung mit einer leichten, aber stabilen Pappe verschließen; mit den Klangmöglichkeiten des Caxixis experimentieren; die verschiedenen Spielweisen im Fahrradteile-Spiel sowie in der Begleitung des Liedes anwenden

Die Luftpumpe Luftikus

1 Suche dir eine ruhige, bequeme Hörposition.
Höre dir einen Ausschnitt aus **Peter Tschaikowskys**
Blumenwalzer an. ● 3/11
Träume dazu die Frühlingsgeschichte.

2 Überlege, wann Tschaikowskys Musik die Blumenwiese
beschreibt und wann die Fahrradfahrt beginnt.
Vereinbart ein Zeichen und zeigt beim Hören an,
wann die Radfahrt für euch startet.

> Stell dir vor, du liegst auf einer Frühlingswiese.
> Die Sonne kriecht hervor, wärmt dich
> und trocknet den Tau von den Pflanzen.
> Rote, gelbe, orangene und weiße Blüten
> öffnen sich langsam und werden zu
> leuchtenden Farbtupfern in der grünen Wiese.

> Genüsslich steigst du auf dein Fahrrad.
> Du fährst Kurven und Kreise.
> Vorsicht, die Blumen!
> Du umfährst sie großzügig.
> Der Fahrtwind fühlt sich gut an …

> Schade, dass es keinen Luftpumpenwalzer gibt!

? Was ist eigentlich ein Walzer?
Ein Walzer ist ein Musikstück,
das im Dreivierteltakt komponiert ist.
Häufig wird der Walzer paarweise
mit vielen schnellen Drehungen getanzt.
Der bekannte „Blumenwalzer" stammt aus
einem Ballett von Peter Tschaikowsky,
welches regelmäßig mit einem Orchester
und vielen Tänzern aufgeführt wird.

3 Gestaltet die zwei Teile des Blumenwalzers unterschiedlich.

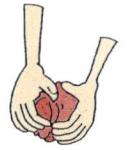

Teil 1: Die Blumenwiese
Gestalte den ersten Teil des Blumenwalzers mit einem
Chiffontuch. Presse dein Tuch zusammen und
halte es zwischen deinen Handflächen versteckt.
Wenn du die Hände langsam öffnest, so blüht
deine Blume allmählich auf. Lass deine Blüte
gegen Ende des ersten Teils auf den Boden schweben.

Teil 2: Die Fahrradfahrt
Besorgt euch für die Gestaltung des zweiten
Teils Luftpumpen, Fahrradklingeln und
Caxixis.
Wie ihr damit die Fahrradfahrt gestalten könnt,
erfahrt ihr auf der nächsten Seite.

Das Hörbeispiel CD 3/11 (P. Tschaikowsky: Blumenwalzer) hören und Musik in entspannender, meditativer Funktion erleben; die formale Zweigliederung des Musikstücks erfassen und spielerisch unterscheiden: die „Blumenwiese" mit Chiffontüchern darstellen, die „Radfahrt" über einen Mitspielsatz (Seite 89) charakterisieren

Die Luftpumpe Luftikus

1 Hört von der CD drei kurze Ausschnitte aus dem Blumenwalzer. 3/12–14
Welches Instrument spielt, und welche Notenzeile passt zu welchem Hörbeispiel?

2 Spielt die drei Hörbeispiele mit euren „Instrumenten" mit.
Spielt für:

3 Hört euch von der CD noch einmal das gesamte Hörbeispiel an. 3/11
Achtet genau auf den Ablauf der Musik und spielt die „Fahrradfahrt" mit euren Luftpumpen, Klingeln und Caxixis mit.

Wenn ihr mögt, könnt ihr zur Fahrradfahrt auch mit Walzerschritten tanzen. Schaut doch mal im Internet, wie das geht.

Die drei Hörbeispiele CD 3/12–14 (Ausschnitte aus: P. Tschaikowsky: Blumenwalzer) den abgebildeten Instrumenten sowie den Notenzeilen zuordnen; die Ausschnitte mit Luftpumpen, Klingeln und Caxixis mitspielen; später das Musikstück hören und auf den eigenen Einsatz achten; Zusatzangebot: zu der Fahrradfahrt einen Walzer tanzen

Die Luftpumpe Luftikus

Eine Schalmei ist übrigens ein Blasinstrument, das bis heute im Orient und auf dem Balkan als Volksinstrument gespielt wird.

Es tönen die Lieder

Text und Melodie: mündlich überliefert

1. Es tö-nen die Lie-der, der Früh-ling kehrt wie-der,
2. es spie-let_ der_ Hir-te auf sei-ner_ Schal-mei.
3. Tra - la-la-la-la-la-la - la - la, tra - la-la-la-la-la - la.

1 Singt die Melodie des Liedes einstimmig und auch im **Kanon**.

2 Begleitet das Lied mit **Stabspielen**. Spielt bei tap mit dem linken, bei tip mit dem rechten Schlägel.

(m) tap tip tip tap tip tip tap tip tip tap tip

Besonders schön klingt es, wenn du die roten Noten etwas lauter spielst und die schwarzen Noten eher leise.

Achtung: Am Beginn der Notenzeile steht das Vorzeichen b. Also musst du im Vorspiel anstelle von H den Ton B spielen.

3 Spielst du Blockflöte oder ein anderes Melodieinstrument? Dann kannst du vor dem Lied ein kleines Vorspiel gestalten.

Das Lied (auch im Kanon) singen; zu Beginn der dritten Liedzeile (Tonsprung C-F) auf eine lockere, anstrengungsfreie Tongebung achten; das Lied mit Stabspielen begleiten; dabei die erste Zählzeit in jedem Takt (die roten Noten) bewusst betonen; Zusatzangebot: ein instrumentales Vorspiel zum Lied gestalten; dabei den Ton B beachten

Die Luftpumpe Luftikus

Sakura sakura 3/16 – 17

Text und Melodie: mündlich überliefert

Sa-ku-ra sa-ku-ra no-ya-ma mo sa-to—mo mi-wa-ta-su
ka-gi-ri ka-su-mi ka ku-mo—ka a-sa-hi ni
ni-o-u sa-ku-ra sa-ku-ra ha-na za-ka-ri.

Jedes Jahr im Frühling feiern die Menschen in Japan „Hanami", das Kirschblütenfest. Durch das Blühen der japanischen Kirschbäume wird das Land in ein wunderschönes rosa-weißes Blütenmeer verwandelt. Dies ist für die Japaner das Zeichen für den Frühlingsbeginn. Mit Familie und Freunden feiern sie in großen Picknickgesellschaften unter den blühenden Bäumen. Sie essen und reden und manche bringen Instrumente mit, um für ihre Freunde und Verwandten zu musizieren. Besonders bekannt und beliebt ist das Lied „Sakura" (auf Deutsch = „Kirschblüte"). Es beschreibt, wie schön das Land von der vollen Kirschblüte geschmückt wird.

1 Hört das japanische Lied von der CD 3/16
und singt die Melodie auf die Tonsilben „no" oder „dü".
Zeigt den Verlauf der Liedmelodie mit der Hand mit.

2 Übt den japanischen Liedtext und singt ihn zur CD-Aufnahme mit.

3 Hört das Lied in der instrumentalen Fassung. Sie wird von der Koto, einem japanischen Instrument, gespielt. 3/18

4 Beschreibe die Klänge der Koto. Kennst du ähnliche Instrumente?

5 Erzähle von Festen und Feiern aus deiner Heimat. Gibt es Musikstücke, die du zu diesen Festen kennst und magst?

Spielen die Menschen in Japan tatsächlich auch Zither?
Ja, die Koto ist eine mit 13 Saiten bespannte Zither. Sie stammt ursprünglich aus China, wurde aber auch in Japan sehr bekannt und beliebt.
Die Koto wird meist am Boden kniend gespielt, da sie mit ungefähr 1,80 m sehr lang ist. Ähnlich wie bei der Gitarre werden die Saiten mit den Fingern oder auch mit Plättchen gezupft.

Das Lied kennenlernen und dieses in kulturelle Zusammenhänge einordnen; die Melodie des Liedes zunächst auf Tonsilben, dann mit dem Text singen; die Koto als japanisches Instrument kennenlernen; über landestypische Feste und Feiern (und damit verbundene musikalische Vorlieben) kommunizieren und reflektieren

Die Luftpumpe Luftikus

Tiritomba 3/19 – 20

Text und Melodie: mündlich überliefert aus Italien;
deutscher Text: Lorenz Maierhofer

1. Mit den warmen Sonnenstrahlen kommt der Frühling, 's ist der Winterschlaf vorbei.
   Warme Winde und der erste Blitz und Donner, alle rufen ihn herbei.
   Refrain: Ti-ri-tom-ba, ti-ri-tom-ba, Frühling, komm doch übers Land.
   Ti-ri-tom-ba, ti-ri-tom-ba, Frühling, reich uns deine Hand!

2. Schaut der Dachs aus seiner Höhle halbverschlafen,
   's ist der Winterschlaf vorbei.
   Ja, er hört das Zwitschern und das Frühlingssingen,
   alle rufen ihn herbei.
   Tiritomba …

3. Viele Knospen, frische Gräser, bunte Blumen,
   's ist der Winterschlaf vorbei.
   Mit dem Frühling gibt es wieder neues Leben,
   alle rufen ihn herbei.
   Tiritomba …

1 Begleitet den Refrain des Liedes mit Stabspielen.
Achtung: Die Begleitung beginnt erst nach dem Auftakt.

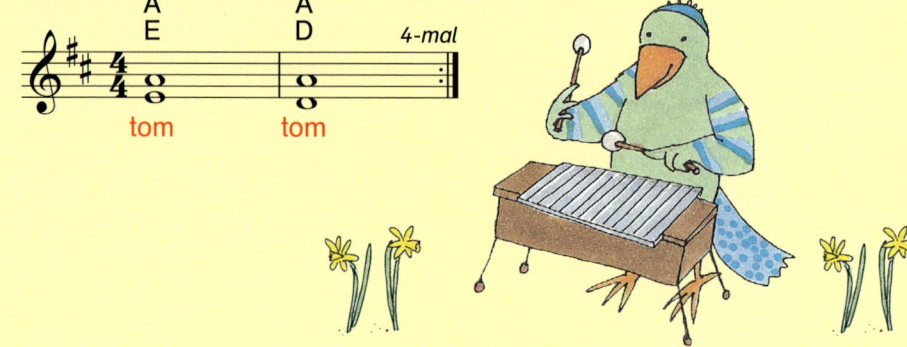

Das Lied gemeinsam lernen und die zweiteilige Liedform (Strophen/Refrain) in der Gestaltung differenzieren: dazu die Strophen solistisch singen, den Refrain des Liedes mit allen Kindern, d.h. im Tutti, gestalten; den Refrain des Liedes taktweise mit Stabspielen begleiten; dabei das beidhändige Spiel sichern

Die Luftpumpe Luftikus

Im Märzen der Bauer 3/21–24

Text und Melodie: mündlich überliefert

1. Im Märzen der Bauer die Rösslein einspannt, er setzt seine Felder und Wiesen instand. Er pflüget den Boden, er egget und sät und rührt seine Hände frühmorgens und spät.

2. Die Bäu'rin, die Mägde, sie dürfen nicht ruh'n,
sie haben im Haus und im Garten zu tun.
Sie graben und rechen und singen ein Lied
und freu'n sich, wenn alles schön grünet und blüht.

3. So geht unter Arbeit das Frühjahr vorbei,
dann erntet der Bauer das duftende Heu.
Er mäht das Getreide, dann drischt er es aus:
Im Winter, da gibt es manch fröhlichen Schmaus.

1 Hört die Melodie des Liedes von der CD und singt das Lied. 3/21

2 Der Text des Liedes ist über 100 Jahre alt. Sprecht darüber: Wie wird die Arbeit auf dem Land beschrieben? Wie mag die Arbeit damals wirklich gewesen sein?

3 Höre von der CD das Lied in drei unterschiedlichen Variationen. 3/22–24
Welches Bild passt zu welchem Hörbeispiel? Begründe deine Meinung.

4 Finde zu jeder Variation einen passenden Titel und schreibe ihn auf ein Blatt Papier.

In den drei Variationen wird die Melodie vielfältig verändert. Was wird verändert? Warum bleibt das Lied dennoch erkennbar?

Das Lied hören, singen und historisch einordnen; dabei das idyllische Bild von der Arbeit auf dem Land hinterfragen; das Liedthema sowie drei Variationen von der CD hören; die jeweilige Veränderung des Themas (Tempo, Dynamik, Tonart, Rhythmus, Klangfarbe usw.) beschreiben; jeder Variation ein Bild zuordnen und einen Titel dazu finden

Komm, wir feiern Abschied

Die vier Jahre geh'n zu Ende 3/25 – 26
Text: Rita Mölders, Dorothe Schröder, Melodie: Reinhard Horn

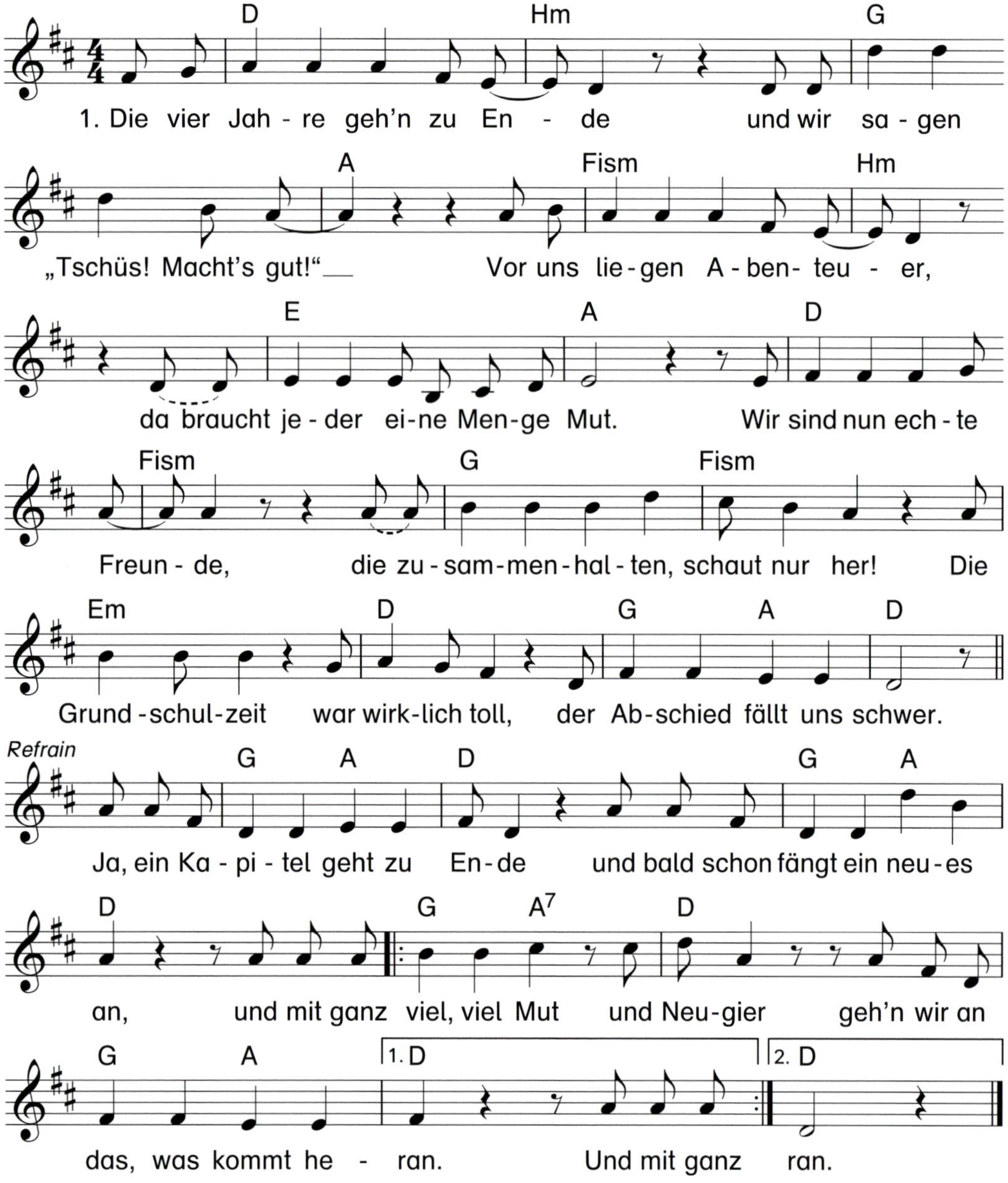

1. Die vier Jahre geh'n zu Ende und wir sagen „Tschüs! Macht's gut!" Vor uns liegen Abenteuer, da braucht jeder eine Menge Mut. Wir sind nun echte Freunde, die zusammenhalten, schaut nur her! Die Grundschulzeit war wirklich toll, der Abschied fällt uns schwer.

Refrain: Ja, ein Kapitel geht zu Ende und bald schon fängt ein neues an, und mit ganz viel, viel Mut und Neugier geh'n wir an das, was kommt heran. Und mit ganz ran.

2. Manchmal war das Lernen schwierig und es brauchte seine Zeit. Doch das eine, das ist sicher: Wir Kinder wissen nun Bescheid. Ob Mathe oder Sprache, Musik, Kunst, Sport und Religion, die Schule hat uns Spaß gemacht, doch leider geh'n wir schon. Ja, ein Kapitel geht zu Ende ...

3. Nun zu euch, ihr lieben Eltern, ihr wart immer für uns da und ihr habt uns stets begleitet, durch dick und dünn, die ganzen Jahr'. Wir war'n 'ne tolle Klasse, das sehen selbst die Lehrer ein. Doch fällt der Abschied uns auch schwer, ihr könnt auch fröhlich sein. Ja, ein Kapitel geht zu Ende ...

Eine gemeinsame Aufführung am Ende der vierten Jahrgangsstufe planen; dazu die Ideen der Seiten 94–99 gestalten; weitere Aufführungselemente selbst einfügen; die Proben und/oder die Aufführung filmen und gemeinsam reflektieren

Komm, wir feiern Abschied

1 Plant gemeinsam eine musikalische Abschiedsfeier. Überlegt, was ihr vorführen wollt. Tipps und Ideen für eure Aufführung findet ihr auf den nächsten Seiten.

Tipp 1: Ein Abschiedslied singen und begleiten

Ihr braucht:
- ✓ Holzblocktrommeln
- ✓ Maracas (Rasseln)
- ✓ eine große Trommel
- ✓ mehrere Stabspiele und Schlägel

2 Singt das **Lied** von Seite 94. Begleitet die Strophen des Liedes mit Instrumenten.

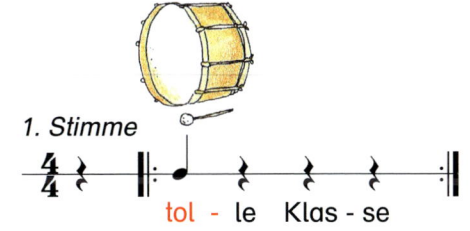

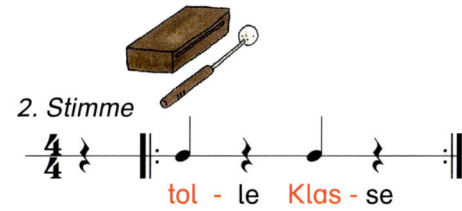

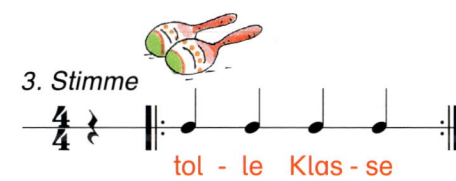

3 Übt eine zweistimmige Stabspiel-Begleitung. Spielt diese durchgängig zum Refrain des Liedes.

Tipp 1: Das Abschiedslied der Seite 94 kennen- und auswendig singen lernen; für die Strophen des Liedes eine rhythmische Begleitung erarbeiten; die drei Rhythmen zunächst mit Bodypercussion üben, dann auf Rhythmusinstrumente übertragen; den Refrain zweistimmig mit Stabspielen begleiten

Komm, wir feiern Abschied

Tipp 2: Einen Abschiedstanz vorführen

Ihr braucht:
- ✓ CD und CD-Player
- ✓ ein Blatt Papier mit Linien
- ✓ einen Bleistift
- ✓ Stofftaschentücher

1 Hört von der CD den Ungarischen Tanz von **Johannes Brahms**.  3/27
Achtet beim Hören genau auf das **Tempo** der Musik und zeichnet den Verlauf mit.

Ist die Musik schnell, so malt:

Wird die Musik langsamer, so zeichnet:

> Nimm ein Linienpapier und zeichne zeilenweise in Schreibrichtung. So wird der Kontrast, also der Gegensatz, von langsamer und schneller Musik gut sichtbar.

2 Um den Ablauf des Musikstücks gut zu verstehen, hört ihr zunächst vier einzelne Ausschnitte des Ungarischen Tanzes von der CD. 3/28–31

3 Probiert zu jedem Teil (Teil A, Teil B, Teil C, Teil D) die Tanzschritte der Karten aus. Achtet auf den Wechsel des Tempos – mal geht es langsam, mal schnell.

> Stellt euch paarweise in einem großen Kreis auf. Befestigt ein Stofftaschentuch an eurer Kleidung.

A

Lauft mit 16 kleinen, raschen Schritten auf der Kreisbahn vorwärts.

Dreht euch schnell um und lauft mit 16 kleinen, raschen Schritten in die andere Richtung.

Tipp 2: Zum Hörbeispiel CD 3/27 (J. Brahms: Ungarischer Tanz Nr. 5, g-moll) einen Paartanz mit Stofftaschentüchern gestalten; vorbereitend das Musikstück hören und den Kontrast des Tempos (schneller/langsamer werden) als grafische Hörpartitur notieren; anschließend die vier Teile des Tanzes (A, B, C, D) einzeln erarbeiten

Komm, wir feiern Abschied

Hakt euch mit den rechten Armen unter und dreht euch mit 16 kleinen, raschen Schritten.

Löst die Arme und dreht euch mit großen, langsamen Schritten um euch selbst.

Klatscht am Ende eure Handflächen gegeneinander.

Nehmt eure Stofftaschentücher in die Hand und winkt euch mit eurem Tuch abwechselnd zu.

Ist die Musik langsam, dann geht mit vier kleinen, langsamen Schritten nach rechts zum nächsten Kind.

Ist die Musik schnell, so winkt euch mit dem Taschentuch zu.

1 Tanzt das gesamte Musikstück. 🔘 3/27
Der Ablaufplan kann euch helfen, die richtige Abfolge zu finden.

Mithilfe der Bilder und Texte Aufstellung, Schritte, Drehungen und Handfassungen beschreiben und ausprobieren; die Tanzschritte (Teil A, B, C und D) zu den vier Hörbeispielen CD 3/28–31 (J. Brahms: Ungarischer Tanz Nr. 5, g-moll) einzeln üben; anschließend den gesamten „Ungarischen Tanz" tanzen

Komm, wir feiern Abschied

Tipp 3: Großer Abschluss mit „Happy"

Ihr braucht:
- ✓ CD und CD-Player
- ✓ für den Stock-Smiley: gelben Tonkarton, Gymnastikstab
- ✓ mehrere Stabspiele und Schlägel
- ✓ eventuell Requisiten wie Sonnenbrillen, Hüte …

Warum ist der Song „Happy" einfach unverbesserlich?
Im Jahr 2013 landete der amerikanische Sänger Pharrell Williams mit seinem Song „Happy" einen echten Gute-Laune-Hit. Ursprünglich schrieb Pharrell Williams den Song für den Kinofilm „Ich - einfach unverbesserlich 2", doch der Song berührte und bewegte die Menschen in aller Welt weit über den Film hinaus. Besonders das 24-stündige Musikvideo zu „Happy" animierte viele Menschen, das Lied selbst zu tanzen und eigene Videos mit Tanzchoreografien zu veröffentlichen.

Mögt und kennt ihr den Song „Happy"? Die Karten der Doppelseite geben euch Ideen zur Gestaltung des Liedes. Doch das Wichtigste ist, dass ihr selbst kreativ werdet. Ganz gleich, ob gemeinsam oder in Kleingruppen – Musik an und los geht's!

1 Hört den Song von der CD. 3/32
Erzähle, was dir an dem Song besonders gut gefällt und was du nicht so magst.

2 Macht euch mit dem Ablauf des Songs vertraut. Nutzt dazu den Tipp mit dem Stock-Smiley.

| Strophe | Refrain | Strophe | Refrain | Bridge | Refrain | Refrain | Bridge | Refrain | Refrain |

① Der Stock-Smiley

Bastelt euch aus einem gelben Tonkarton und einem Gymnastikstab einen Stock-Smiley. Zeigt mit eurem Stock-Smiley immer an, wenn der Refrain beginnt.

„Was machen wir in den Strophen und während der Bridge mit dem Stock-Smiley?"

Tipp 3: Das Hörbeispiel CD 3/32 (Ph. Williams: Happy) hören und über die musikalischen Eindrücke nachdenken und sprechen; mithilfe der Aktionskarten eine vielfältige, kreative Gestaltung des Songs anregen; dazu zunächst die Form des Liedes besprechen; Zusatzangebot: Aufführungen des Songs im Internet recherchieren und (kritisch) reflektieren

Komm, wir feiern Abschied

1 Erarbeitet für den Song eine Begleitung mit **Stabspielen** und eine eigene, kreative Choreografie.

① Tänzerinnen und Tänzer

Stellt euch in einem großen Halbkreis auf.
Tanzt zur Musik mit Seitanstellschritten.
Klatscht dabei auf die zweite und vierte Zählzeit.

seit   ran   seit   ran

② „Band" für den Refrain

Übt für den Refrain eine Begleitung mit Stabspielen.
Der Text hilft euch, im Rhythmus zu bleiben.
Lasst euch von einem Smiley-Dirigenten den Einsatz geben.

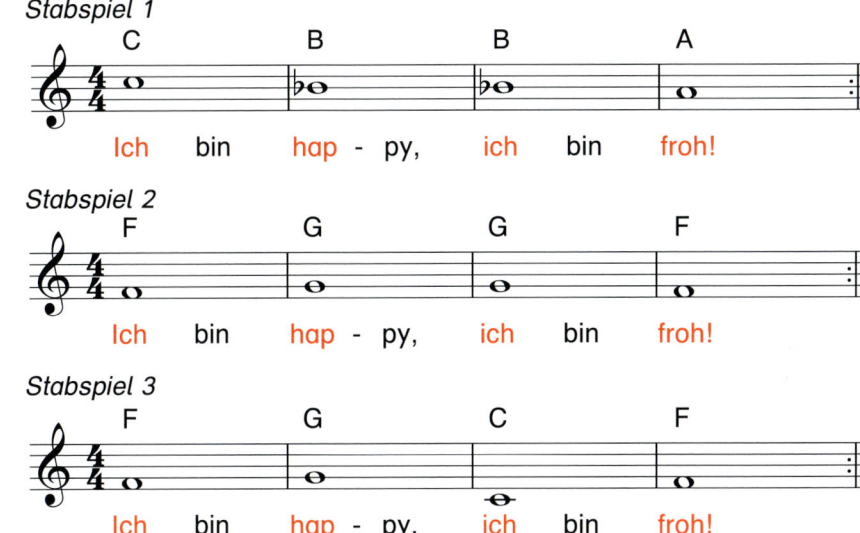

③ Akrobaten im Brückenteil (Bridge)

Denkt euch für die beiden Brückenteile akrobatische Einlagen aus. Lasst die Akrobatenkinder aus dem Halbkreis der Tänzerinnen und Tänzer hervortreten.

④ Bühnenwirksame Gestaltung

Gestaltet den Tanz möglichst bühnenwirksam. Ein Kind geht als Vortänzer auf die Bühne und beginnt mit den zuvor vereinbarten Bewegungen. Nach und nach kommen immer mehr Kinder auf die Bühne und tanzen mit. Auf diese Weise entsteht ein beeindruckendes Bühnenbild.

⑤ „Happy-Film"

Dreht in eurer Schule einen „Happy-Film". Legt dazu fest, in welcher Reihenfolge ihr auftreten wollt.

Komm, wir feiern Abschied

Möge die Straße uns zusammenführen

🔘 3/33 – 37

Text und Melodie: Markus Pytlik

1. Möge die Straße uns zusammenführen und der Wind in deinem Rücken sein;
sanft falle Regen auf deine Felder und warm auf dein Gesicht der Sonnenschein.
Und bis wir uns wiedersehen, halte Gott dich fest in seiner Hand.
Und bis wir uns wiedersehen, halte Gott dich fest in seiner Hand.

2. Führe die Straße, die du gehst,
immer nur zu deinem Ziel bergab.
Hab, wenn es kühl wird, warme Gedanken
und den vollen Mond in dunkler Nacht.
Und bis wir uns wiedersehen …

? Was heißt Sopran, Alt, Tenor und Bass?
In einem gemischten Chor singen Frauen und Männer gemeinsam.
Wird mehrstimmig gesungen, so werden die Stimmen der Frauen und Männer in unterschiedliche Stimmlagen eingeteilt:
hohe Frauenstimmen = Sopran
tiefe Frauenstimmen = Alt
hohe Männerstimmen = Tenor
tiefe Männerstimmen = Bass

1 Singt das Lied mit langen Atembögen.
Atmet dazu nur am Ende jeder Liedzeile, also bei ▼.

2 In gemischten Chören wird das Lied oft mehrstimmig gesungen.
Frauen und Männer singen dann unterschiedliche Stimmen.
Hört von der CD vier Hörbeispiele und findet heraus, wer singt. 🔘 3/33 – 36

① Sopran ② Alt ③ Tenor ④ Bass

3 Singt die abgedruckte Liedstimme, also den Sopran,
zu einer mehrstimmigen Aufnahme. 🔘 3/37

Komm, wir feiern Abschied

Lachend kommt der Sommer 🔊 3/38

Text und Melodie: Cesar Bresgen

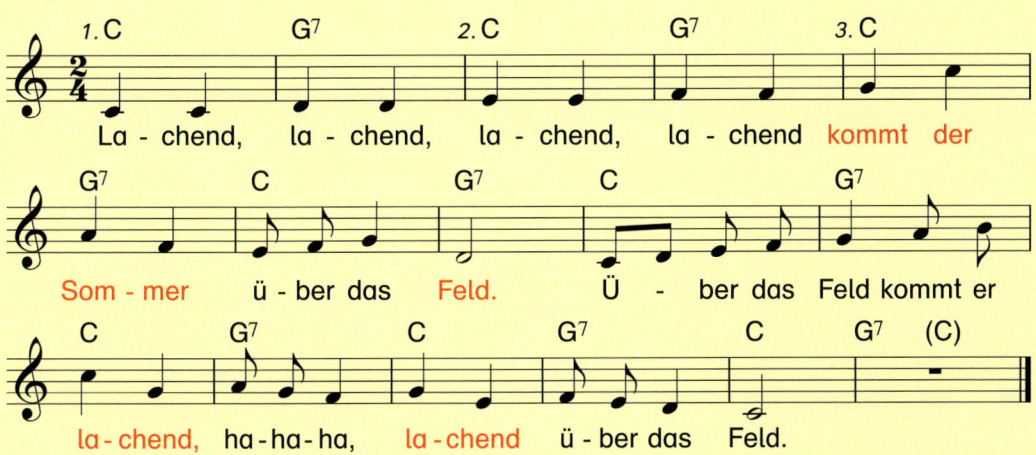

La-chend, la-chend, la-chend, la-chend kommt der Som-mer ü-ber das Feld. Ü-ber das Feld kommt er la-chend, ha-ha-ha, la-chend ü-ber das Feld.

1 Benennt die Töne des Liedes und singt das Lied mit den Tonnamen.

Spiele das Lied doch einmal auf einem Keyboard oder mithilfe einer Klavier-App auf dem Tablet.

2 Untersuche das Lied genau und löse die Knobelaufgaben.

① Welcher Ton kommt im Lied nur ein einziges Mal vor?

② Welchen Ton findest du im Lied exakt 7-mal?

③ Wo findest du die längste in Tonschritten aufsteigende Tonfolge?

④ Welches sind die größten Tonsprünge im Lied?

3 Teilt euch in zwei Gruppen:
Eine Gruppe singt die schwarzen Texte, die andere Gruppe singt die roten Texte.
Welche Gruppe hat es schwerer, die richtigen Töne zu treffen?
Begründet eure Meinung.

4 Klatscht die rhythmischen Bausteine und sucht die Rhythmen im Lied.
Welcher Text passt zu welchem Rhythmus?

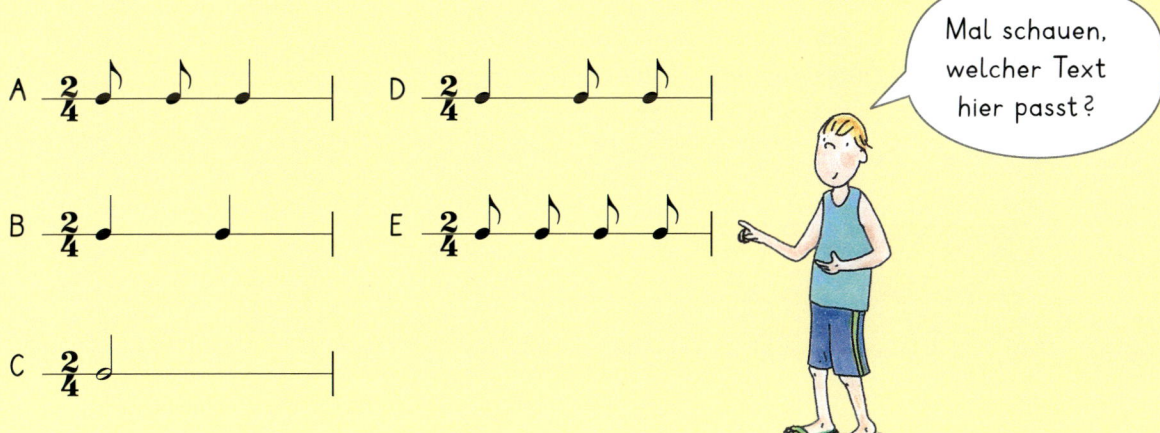

Mal schauen, welcher Text hier passt?

Die Tonnamen des Liedes benennen und die Melodie singen; das Lied auf einem Tasteninstrument (z.B. Klavier, Keyboard), einem Stabspiel oder einem Tablet (z.B. mit einer Klavier-App) spielen; beim Singen in zwei Gruppen den Melodieverlauf (Tonschritte, Tonsprünge) analysieren; ausgewählte Rhythmen dem passenden Liedtext zuordnen

Lexikon

Arie
→ Oper

Blasinstrumente
→ Orchester

Bodypercussion
→ Körperinstrumente

Boomwhacker

Boomwhackers sind bunte, gestimmte Kunststoffröhren, die auf vielfältige Weise zum Klingen gebracht werden, zum Beispiel durch Schlagen auf verschiedene Körperteile (Handinnenfläche, Oberschenkel), durch Gegeneinanderschlagen oder sogar durch Hineinblasen, wobei die Öffnung des Boomwhackers vor dem Mund hin und her bewegt wird. Die Tonhöhe eines Boomwhackers ist von seiner Länge abhängig. Jeder Ton hat eine bestimmte Farbe:

Brahms, Johannes

Kennst du das Schlaflied „Guten Abend, gute Nacht"? Sicher wusstest du noch nicht, dass diese Melodie von dem berühmten Komponisten Johannes Brahms stammt. Brahms wurde 1833 in Hamburg geboren und war bereits als 10-Jähriger ein Wunderkind am Klavier. Als Erwachsener gab Johannes Brahms viele Konzerte und arbeitete zudem als Klavierlehrer.
Später lebte Johannes Brahms in Wien und komponierte dort neben vielen Klavierstücken auch zahlreiche Musikstücke für andere Instrumente, Lieder und vieles mehr. Mit 63 Jahren starb Johannes Brahms in Wien, wo er neben den Gräbern der berühmten Komponisten Ludwig van Beethoven und Franz Schubert seine letzte Ruhestätte fand.

Chor

Singst du gerne mit anderen? Dann bist du vielleicht in einem Schulchor oder in einem Kinderchor. In einem Chor treffen sich viele Sängerinnen und Sänger, um gemeinsam Lieder zu erarbeiten. Singen alle die gleiche Melodie, so singt der Chor einstimmig. Wenn verschiedene Melodien gleichzeitig erklingen, die gut zusammenpassen, dann singt der Chor mehrstimmig. Bei Erwachsenen ist der gemischte Chor aus Frauen und Männern meist vierstimmig besetzt:

hohe Frauenstimmen	= Sopran
tiefe Frauenstimmen	= Alt
hohe Männerstimmen	= Tenor
tiefe Männerstimmen	= Bass

Dirigent/Dirigentin

Vielleicht hast du dich schon einmal gefragt, was ein Dirigent mit seinen Händen oder mit dem Taktstock macht? Die Hände sind das Werkzeug eines jeden Dirigenten. Gemeinsam mit den Sängern oder Musikern übt der Dirigent die Musikstücke. Er zeigt mit seinen Hand- und Armbewegungen den Takt und das Tempo an und gibt die verschiedenen Einsätze. Gleichzeitig vermittelt er mit seiner Gesichts- und Körpersprache,

Lexikon

wie die Sänger oder Musiker die Musik besonders ausdrucksvoll gestalten können. Jede Bewegung hat also eine Bedeutung, die die Musiker ohne Worte verstehen können.

Giacchino, Michael

Michael Giacchino wurde 1967 in den USA geboren. Bereits als Kind begann Michael Giacchino, Kurzfilme zu erstellen; dabei liebte er es besonders, Geräusche und Musik in seine Filme miteinzubauen. Später besuchte Michael Giacchino die Filmhochschule in New York und arbeitete zudem für die bekannten Universal Studios und auch für Walt Disney. Mit seiner Musik für Videospiele wurde Giacchino so erfolgreich, dass er Aufträge erhielt, Musik für Fernsehserien und Filme zu schreiben. Seine Filmmusik für „Ratatouille" wurde 2008 als bester Soundtrack mit dem bekannten „Grammy" geehrt.

Hymne

Das griechische Wort „Hymnos" bedeutet in der Übersetzung „Lied". Ursprünglich war eine Hymne ein Loblied für einen Helden oder einen Gott. Besondere Arten des Lobgesangs sind heute vor allem die Nationalhymnen der verschiedenen Länder, die festliche Ereignisse umrahmen und die Zusammengehörigkeit der Menschen zeigen.

Instrumente/Instrumentenfamilien

→ Orchester

Kanon

Ein Kanon ist ein Musikstück, bei dem alle Musiker die gleiche Melodie singen oder spielen. Da die Musiker jedoch nicht alle gleichzeitig beginnen, sondern in festgelegten Abständen nacheinander einsetzen, erklingt das Musikstück mehrstimmig.

Komponist

Was macht ein Komponist? Er komponiert, das heißt, er erfindet Musikstücke oder stellt diese aus ihm bereits bekannten Melodien zusammen. Daher werden Komponisten oft auch Tondichter oder Tonschöpfer genannt. Oft arbeitet ein Komponist viele Jahre, bis aus seiner musikalischen Idee eine fertige Komposition geworden ist.

Körperinstrumente

Mit unserem Körper können wir abwechslungsreiche Klänge erzeugen, zum Beispiel stampfen, klatschen, patschen, schnipsen oder schnalzen. Auf Englisch heißt das Musizieren mit dem Körper auch „Bodypercussion" („body" = Körper, „percussion" = Schlag).

Lautstärke

Der Begriff Lautstärke drückt zunächst aus, wie stark man etwas hört. In der Musik wird mit dem Begriff „Lautstärke" auch beschrieben, wie stark ein Ton gesungen oder gespielt wird. Man könnte also auch „Tonstärke" dazu sagen. Viele Komponisten beschreiben in ihren Musikstücken genau, wie sie sich die Tonstärke vorstellen. Dazu verwenden sie die Abkürzungen von italienischen Begriffen, zum Beispiel:

pp	=	pianissimo (sehr leise)
p	=	piano (leise)
mf	=	mezzoforte (halblaut)
f	=	forte (laut)
ff	=	fortissimo (sehr laut)

Neben der gewünschten Tonstärke geben viele Komponisten auch an, wann ihre Musik leiser oder lauter werden soll:

| crescendo | = | allmählich lauter werden |
| decrescendo | = | allmählich leiser werden |

Lied

In einem Lied werden Text und Musik miteinander verbunden. Ein Lied hat eine **zweiteilige Liedform**, wenn auf den A-Teil ein B-Teil folgt. Meist folgt der Liedstrophe ein Refrain:

A B

Lexikon

Von einer **dreiteiligen Liedform** spricht man dann, wenn nach dem A-Teil und dem B-Teil des Liedes erneut der A-Teil wiederholt wird: A B A

Es gibt viele verschiedene Arten von Liedern, zum Beispiel Kinderlieder, Volkslieder, Kirchenlieder oder Popsongs.

Melodie

Das Wort „Melodie" bedeutet im Griechischen „Lied" und „Gesang". Eine Melodie ist eine Tonfolge, die sich gut singen und meist auch leicht merken lässt. Eine Melodie kann sich in Tonschritten oder auch in Tonsprüngen bewegen:

 Tonsprung

 Tonschritt

Mozart, Leopold

Leopold Mozart wurde 1719 in Augsburg geboren. Nach seiner Schulzeit studierte Mozart zunächst Philosophie und Jura, doch war seine Liebe zur Musik so stark, dass er eine Arbeitsstelle als Kammerdiener und Musiker beim Grafen von Thurn-Valsassina und Taxis annahm. Später wurde Leopold Mozart Geiger in der Salzburger Hofkapelle und komponierte zudem zahlreiche Musikstücke.

„Die musikalische Schlittenfahrt" schrieb er im Jahr 1755.
Mit seiner Frau Anna bekam Leopold Mozart sieben Kinder, von denen nur zwei Kinder das Erwachsenenalter erreichten: Maria Anna, genannt „Nannerl", und Wolfgang Amadeus. Beide Kinder wurden von Leopold Mozart als „Wunderkinder" großgezogen. So wurde er neben seinen eigenen musikalischen Tätigkeiten vor allem als Lehrer, Erzieher und Reisebegleiter seiner beiden Kinder bekannt. Leopold Mozart starb 1787 in Salzburg.

Mozart, Wolfgang Amadeus

Wolfgang Amadeus Mozart wurde 1756 in Salzburg geboren. Als musikalisches Wunderkind konnte Mozart bereits mit vier Jahren einfache Stücke auf dem Klavier spielen. Mit fünf Jahren begann er mit dem Komponieren. Seine erste Sinfonie entstand im Alter von acht Jahren.
Mit seinen Eltern und seiner Schwester Maria Anna unternahm er als Kind zahlreiche Konzertreisen. Mit seinem Klavierspiel versetzte er Bischöfe, Fürsten, Könige und Kaiser in helles Staunen. Obwohl das Reisen in der Kutsche damals sehr anstrengend war, tat Mozart es gerne. Es wurde errechnet, dass er fast ein Drittel seines Lebens auf Reisen war! Mit 25 Jahren zog Mozart von Salzburg nach Wien, wo er bis zu seinem Tod lebte und arbeitete.
In seinem letzten Lebensjahr schrieb Mozart auch die Oper „Die Zauberflöte".

Leopold Mozart

Wolfgang Amadeus Mozart

Obwohl er über 600 Musikstücke komponiert hat und heute überaus berühmt ist, starb Mozart im Alter von 35 Jahren als armer Mann.

Notenschrift

Um ein Musikstück aufzuschreiben, brauchst du Notenzeilen, einen Notenschlüssel und die Noten.
Die Notenzeile besteht aus fünf Linien und vier Zwischenräumen. Am Anfang jeder Notenzeile steht ein Notenschlüssel. Jeder Ton wird auf einer Linie oder in einem Zwischenraum notiert. Je nach ihrer Lage haben die Noten verschiedene Namen.

Lexikon

Ist vor dem Ton F ein # notiert, so wird er zum Fis.

Ist vor dem Ton H ein b notiert, so wird er zum B.

Notenwerte

Notenwerte sind Zeichen, die die Länge eines Tons anzeigen. Mit Notenwerten kann man den Rhythmus eines Musikstückes aufschreiben und wieder ablesen. Je nach ihrer Länge sehen die Noten unterschiedlich aus. Eine Achtelnote besteht z. B. aus einem ausgefüllten Notenkopf, einem Notenhals und einem Fähnchen. Mehrere Achtelnoten können mit einem Balken verbunden werden.

Oper

Eine Oper ist ein großes Musikwerk, bei dem eine Geschichte mit Gesang und Musik erzählt wird. Bevor die Handlung beginnt, erklingt ein einleitendes Musikstück, die Ouvertüre, die nur von dem Orchester gespielt wird. Das Wort „Ouvertüre" kommt aus dem Französischen und heißt „Eröffnung". Nach der Ouvertüre folgt die eigentliche Geschichte.
Eine besondere musikalische Erzählform ist dabei die Arie. Hier bleibt die Handlung kurzfristig stehen. Nur eine Person singt – vom Orchester begleitet – ganz alleine von ihren Gedanken und Gefühlen.

Kennst du die Notenwerte und die Pausenwerte?
Die Notenwerte zeigen dir, wie lange der Klang dauert. Für jeden Notenwert gibt es einen entsprechenden Pausenwert. In den Pausen erklingt nichts.

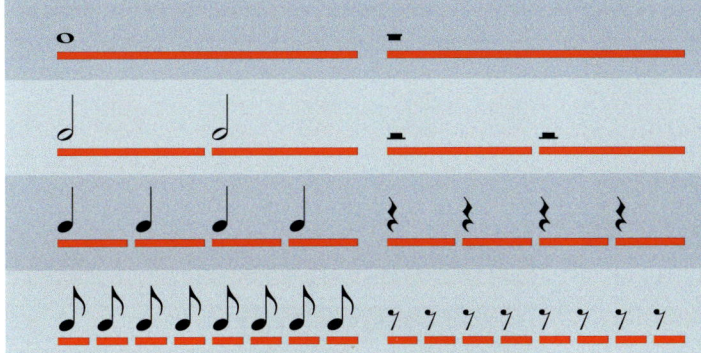

Orchester

Ein Orchester ist eine Gruppe von Musikern, die verschiedene Instrumente spielen und gemeinsam Musik machen. Das Orchester wird von einem Dirigenten geleitet. Die Orchesterinstrumente werden in Instrumentenfamilien eingeteilt:
Die **Streichinstrumente** besitzen Saiten, die durch das Streichen mit dem Bogen oder durch Zupfen zum Schwingen gebracht werden. Zu den Streichinstrumenten gehören die Violine (Geige), die Viola (Bratsche), das Violoncello (Cello) und der Kontrabass.
Die **Blasinstrumente** verfügen über einen Hohlkörper, worin eine Luftsäule durch das Anblasen zum Schwingen gebracht wird. So entsteht der Ton.
Innerhalb der Blasinstrumente wird zwischen **Holzblasinstrumenten** (Blockflöte, Querflöte, Klarinette, Bassetthorn, Saxophon, Oboe, Fagott) und **Blechblasinstrumenten** (Trompete, Posaune, Horn, Tuba) unterschieden.
Als **Schlaginstrumente** werden die Instrumente bezeichnet, bei denen der Ton durch das Anschlagen mit der Hand oder mit einem Schlägel hervorgerufen wird. So gehören neben Trommeln, Pauken, Becken und Triangel auch Stabspiele, Glocken oder der große Gong zur Familie der Schlaginstrumente.

Ouvertüre

→ Oper

Pausenwerte

Pausenwerte sind Zeichen, die die Länge einer Pause anzeigen. Genau, wie man Klänge mit Notenwerten aufschreiben kann, kann man auch Pausen mit Pausenwerten notieren.

Lexikon

Prokofjew, Sergei

Sergei Prokofjew wurde 1891 in Russland geboren. Noch bevor er schreiben konnte, begann er Klavier zu spielen und zu komponieren. Nach seinem Klavier- und Kompositionsstudium musste Prokofjew Russland verlassen und war zunächst in Japan, dann auch in Amerika und Europa, tätig. In diesen Jahren wurde er als Komponist und als Pianist zunehmend bekannt. Später kehrte Sergei Prokofjew in seine russische Heimat zurück. Dort schrieb er unter anderem die berühmte Ballettmusik zu „Romeo und Julia". Drei Jahre arbeitete er an diesem Werk, ehe es aufgeführt werden konnte. Sergei Prokofjew starb im Alter von 61 Jahren in Moskau.

Rhythmus

Jedes Musikstück ist zeitlich geordnet und besteht aus einzelnen Takten.
Die Takte eines Musikstücks können mit verschiedenen (langsamen und schnellen) Notenwerten gefüllt sein. Die Folge der Notenwerte ergibt den Rhythmus des Musikstücks.

Rondo

Ein Rondo ist ein Musikstück, bei dem sich ein gleichbleibender Teil (Teil A) mit mehreren unterschiedlichen Zwischenteilen (Teil B, C, D ...) abwechselt:

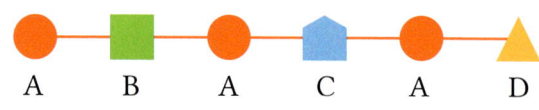

Saint-Saëns, Camille

Camille Saint-Saëns wurde 1835 in Paris geboren. Es wird berichtet, dass Camille Saint-Saëns im Alter von drei Jahre bereits lesen und schreiben konnte und erste Musikstücke und Lieder komponierte. Schon mit 18 Jahren arbeitete Camille Saint-Saëns als Organist und Lehrer für Kirchenmusik. Er komponierte viele berühmte Sinfonien und Klavier- und Violinkonzerte.
Überaus bekannt und beliebt ist bis heute seine Komposition „Der Karneval der Tiere". Zahlreiche Tonaufnahmen und auch Bilderbücher zeigten die Berühmtheit dieser Komposition. Camille Saint-Saëns starb während einer Auslandsreise im Alter von 86 Jahren in Algier.

Schlaginstrumente

→ Orchester

Solo

Der Begriff „Solo" kommt aus dem Italienischen und heißt „allein" oder „einzeln". Singt oder spielt ein Sänger oder ein Instrumentalist ein Solo, so singt oder spielt er seine Stimme allein. Dieses kann ohne oder auch mit einer Begleitung erfolgen.

Stabspiel

Stabspiele sind Schlaginstrumente, bei denen gestimmte Stäbe mithilfe von Schlägeln zum Klingen gebracht werden. Die Tonhöhe eines Stabes ist von seiner Länge abhängig.
Damit der Ton klingt, sind die Stäbe auf einem Holzkasten angeordnet.
Auf diese Weise wird der Klang verstärkt. Innerhalb der Stabspiele wird zwischen Metallstabspielen (Metallofone, Glockenspiele) und Holzstabspielen (Xylofonen) unterschieden. Das Wort Xylofon stammt aus dem Griechischen und heißt „Holzklang". Besteht das Instrument nicht aus einer Tonreihe, sondern nur aus einem einzelnen Ton, so spricht man von einem Klangbaustein.

Lexikon

Streichinstrumente

→ Orchester

Taktarten

In einem Musikstück fasst der Takt die Notenwerte und Pausenwerte in Einheiten zusammen. Jeder Takt ist durch Taktstriche begrenzt. Die beiden Zahlen am Anfang der Notenzeile geben die Taktart an.

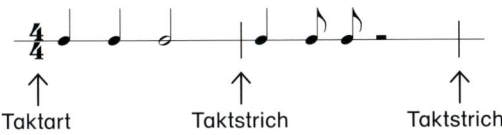

Je nach Taktart enthält der Takt betonte und unterschiedlich viele unbetonte Schläge. Die erste Zählzeit in einem Takt ist immer betont.

Zweivierteltakt (gerader Takt)

Dreivierteltakt (ungerader Takt)

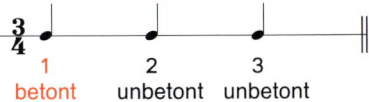

Viervierteltakt (gerader Takt)

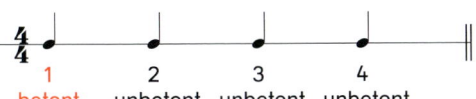

Beginnt ein Sprechvers, ein Lied oder ein Musikstück mit einem unvollständigen Takt, so nennt man diesen Takt Auftakt. Der Auftakt ist immer unbetont:

Tasteninstrumente

Als Tasteninstrumente werden die Instrumente bezeichnet, die eine Tastatur haben und bei denen der Ton durch das Herunterdrücken von Tasten hervorgerufen wird. So gehören neben dem Klavier und dem Flügel unter anderem auch das Keyboard, das Cembalo und die Orgel zur Familie der Tasteninstrumente.

Tempo

„Tempo" ist das italienische Wort für „Zeit". In der Musik drückt der Begriff „Tempo" aus, wie schnell oder wie langsam musiziert wird. Genau wie bei der Lautstärke geben die Komponisten in ihren Musikwerken an, wie sie sich das Tempo vorstellen.

Tonhöhe

Manche Töne erklingen hoch, andere tief. Sie besitzen unterschiedliche Tonhöhen. Will man Musik aufschreiben, so werden tiefe Töne in der Notenzeile weiter unten und hohe Töne weiter oben notiert.

Tschaikowsky, Peter

Peter Tschaikowsky wurde 1840 in Russland geboren und begann mit vier Jahren mit dem Klavierspiel. Als junger Mann arbeitete Tschaikowsky als Sekretär im Justizministerium, spielte jedoch in seiner Freizeit häufig Klavier. Schließlich gab er mit 23 Jahren seine Stelle als Sekretär auf, um Berufsmusiker zu werden. Schon bald komponierte er zahlreiche Musikstücke, Opern und Ballette. Die Arbeit als Musiker bereitete dem nervösen und ängstlichen Tschaikowsky viel Mühe und Angst. Erst zwei Jahre vor seinem Tod schrieb Peter Tschaikowsky als 51-Jähriger das Ballett „Der Nussknacker", aus dem auch der Blumenwalzer stammt. Nach wie vor gehört dieses Stück zu den Kostbarkeiten der Ballettmusik.

Wiederholungszeichen

Oft wird in Liedern, Sprechversen oder Musikstücken ein Teil wiederholt. Das Wiederholungszeichen zeigt an, dass ein Abschnitt noch einmal musiziert werden soll.

Lieder und Sprechstücke

A
12 Aufsteh'n, aufeinander zugeh'n
8 Auf uns

B
30/31 Blechdance

D
51 Das klinget so herrlich
40 Das Rap-Huhn
13 Das rockt
62 Das Schlaraffenland
32/33 Der Grusel-Song
24 Der Ritter Giselher
43 Die Katzen schleichen durch die Nacht
58 Die Koch-Wasch-Bügel-Spülmaschin'
84/85 Die Luftpumpe Luftikus
94 Die vier Jahre geh'n zu Ende
55 Die Zeitformel

E
66 Ein Hut, ein Stock, ein Regenschirm
90 Es tönen die Lieder

F
83 Feliz Navidad
42 Fly like an eagle
14 Fruit canon

H
35 Halt das Känguru fest
70 Herbstwirbel
71 Herr Bst
75 Hurra, es schneit

I
50 Ich bin der Stimmakrobat
52 Ich bin Wolfgang Amadeus
86 Ich fahre gerne Rad
93 Im Märzen der Bauer
82 Im Dezember, jedes Jahr
60/61 In der Jungsteinzeit

K
64 Káplja dózdevája (Regentropfen)

L
101 Lachend kommt der Sommer
72 Lecker, lecker, lecker
72 Leise pfeift der Wind

M
100 Möge die Straße uns zusammenführen

S
91 Sakura sakura
4/5 Shalalalala
68/69 Sieben Wochen Regen
21 Stäbchenmusik
10 Stimmungskanon(e)

T
20 Ten green bottles
11 This little light of mine
92 Tiritomba

V
46 Vogelfänger-Arie

W
80 Weihnachten weltweit
56 Wir sind Fische
81 Wlesu rodilas jolotschka
73 Wo ein Mensch Vertrauen gibt

Wo finde ich das?

Lieder und Sprechstücke

Lieder:
S. 4/5, 8, 10, 11, 12, 14, 20, 21, 22/23, 24, 30/31, 32/33, 35, 42, 43, 46, 50, 51, 52, 56, 58, 60/61, 62, 64, 68/69, 71, 72, 73, 75, 80, 81, 82, 83, 84/85, 86, 90, 91, 92, 93, 94, 100, 101

Sprechstücke:
S. 13, 30/31, 40, 55, 66, 70, 84/85

Improvisationen mit der Stimme/ Stimmbildungsübungen

S. 6, 10, 23, 32, 34, 42, 43, 50, 55, 64, 65, 71, 74, 75, 81, 84/85, 91, 100, 101

Spiel mit Körperinstrumenten (Bodypercussion)

S. 6, 9, 13, 15, 28/29, 30/31, 40, 70, 82, 85, 86, 99

Begleitungen und Improvisationen mit Instrumenten

S. 5, 6, 11, 13, 15, 16, 21, 23, 25, 35, 38, 41, 42, 46, 51, 55, 57, 60/61, 63, 65, 71, 72, 73, 76, 79, 80, 82, 85, 87, 89, 90, 92, 95, 99

Bewegungsideen, Tänze und Spielszenen

S. 4, 6, 9, 15, 20, 25, 26, 29, 30/31, 32/33, 39, 43, 54–59, 60/61, 66, 67, 69, 70, 71, 85, 88/89, 96/97, 99

Hörstücke/Musikalische Werke; Musiker und Komponisten

S. 8/9, 19, 26, 28/29, 36–38, 39, 41, 44–49, 51, 53, 67, 75, 78/79, 83, 88/89, 91, 93, 96/97, 98/99

Musik und ihre Grundlagen

Mit allen Aktivitäten und Aufgaben von FIDELIO 4 erweiterst du deine musikalischen Grundlagen z.B.
S. 7, 10, 16/17, 23, 24, 26, 27, 36/37, 41, 42, 43, 47–49, 60/61, 64, 76/77, 78/79, 81, 82, 91, 93, 100, 101

Gut, so finden wir alles!

Werke/Werkausschnitte

Seite	Titel
8	Auf uns (A. Bourani, J. Hartog, T. Olbrich)
88/89	Blumenwalzer (P. Tschaikowsky: Der Nussknacker, 3. Akt)
28/29	Branle des chevaux (T. Arbeau: Orchésographie, Suite 10)
51	Das klinget so herrlich (W.A. Mozart: Die Zauberflöte KV 620, Erster Akt, Finale I, Schnelle Füße, rascher Mut)
36/38	Der Elefant (C. Saint-Saëns: Der Karneval der Tiere)
46	Der Vogelfänger bin ich ja (W. A. Mozart: Die Zauberflöte KV 620, Erster Akt)
78/79	Die Schlittenfahrt (L. Mozart: Die musikalische Schlittenfahrt, Nr. 3 Allegretto)
46	Dies Bildnis ist bezaubernd schön (W. A. Mozart: Die Zauberflöte KV 620, Erster Akt)
67	Ein Hut, ein Stock, ein Regenschirm (Die Lollipops)
98/99	Happy (P. Williams)
39	Hashu'al, Der Fuchs (Originalaufnahme aus Israel)
93	Im Märzen der Bauer - Orgelvariationen (F. Lehrndorfer)
36/37	Kängurus (C. Saint-Saëns: Der Karneval der Tiere)
47	Ouvertüre (W. A. Mozart: Die Zauberflöte KV 620)
18/19	Ratatouille (M. Giacchino: Ratatouille – A Real Gourmet Kitchen)
41	Schlagzeugklänge (Hi-Hat, Bass-Drum, Snare-Drum, Tom-Toms, Becken)
26	Tanz der Ritter (S. Prokofjew: Romeo und Julia op. 64)
96/97	Ungarischer Tanz (J. Brahms: Ungarische Tänze, Nr. 5, g-moll)

Liedquellen

- 4f.: Text und Melodie: Fredi Jirovec, © Musikverlag Helbling, Rum
- 8: Text und Melodie: Andreas Bourani, Julius Hartog, Thomas Olbrich, © Kassettendeck Edition/ BMG Rights Management GmbH, Berlin
- 10: Text und Melodie: Rita Mölders, © Kontakte Musikverlag, Ute Horn, 59557 Lippstadt
- 11: Text und Melodie: mündlich überliefert aus den USA
- 12: Text und Melodie: © Clemens Bittlinger
- 13: Text, Rhythmus und Spielidee: Richard Filz, © Musikverlag Helbling, Rum
- 14: Text und Melodie: mündlich überliefert
- 20: Text und Melodie: mündlich überliefert, Spielidee: Dorothea Zigldrum
- 21: Text, Melodie und Spielidee: © Siglinde Hartl-Stegemann
- 22f.: Text: August van Bebber, Melodie: Detlev Jöcker, © Menschenkinder Verlag, Münster
- 24: Text: Ulrike Meyerholz, Melodie: Werner Beidinger
- 30f.: Text und Melodie: Felix Janosa, © Terzio/Carlsen Verlag GmbH, Hamburg 2012
- 32f.: Text und Melodie: © Werner Beidinger
- 35: Originaltitel: Tie me Kangaroo down sport; Melodie: Rolf Harris, Text: Kurt Hertha, © Castle Music Pty. Ltd., Minerva-Music, Frechen
- 40: Text und Melodie: Felix Janosa, © Eres Edition Musikverlag Horst Schubert, Lilienthal/Bremen
- 42: Text und Melodie: mündlich überliefert aus den USA
- 43: Text und Melodie: © Christa Wißkirchen
- 46: Text: Emanuel Schikaneder, Melodie: Wolfgang A. Mozart
- 50: Text und Melodie: Uli Führe, © Fidula-Verlag Holzmeister GmbH, Koblenz
- 51: Text: Emanuel Schikaneder, Melodie: Wolfgang A. Mozart
- 52: Text und Melodie: Fredi Jirovec, © Musikverlag Helbling, Rum
- 56: Text und Melodie: Martin Falk, © aus dem Musical „Die unglaubliche Reise mit der Zeitmaschine", ISBN: 978-3-89760-139-0, Lugert Verlag, Handorf
- 58: Text und Melodie: Martin Falk, © aus dem Musical „Die unglaubliche Reise mit der Zeitmaschine", ISBN: 978-3-89760-139-0, Lugert Verlag, Handorf
- 60f.: Text und Melodie: © Unmada Manfred Kindel
- 62: Text: © Konrad Weiß, Melodie: © Thomas Natschinski
- 64: Text und Melodie: mündlich überliefert aus Russland
- 66: Text und Rhythmus: mündlich überliefert
- 68f.: Text: Jörg Hilbert, Felix Janosa, Melodie: Felix Janosa, © Terzio/Carlsen Verlag GmbH, Hamburg 2012
- 70: Text und Rhythmus: Ulrich Moritz, © Musikverlag Helbling, Rum
- 71: Text und Melodie: Uli Führe, © Fidula-Verlag Holzmeister GmbH, Koblenz
- 72: Text und Melodie: Markus Detterbeck, Gero Schmidt-Oberländer, © Helbling Verlag, Esslingen

Bildquellen

73: Text: Hans-Jürgen Netz, Melodie: Fritz Baltruweit, © alle Rechte im tvd-Verlag, Düsseldorf
75f.: Text und Melodie: Nena Kerner, © Universal Music Publishing GmbH, Berlin
80: Text und Melodie: © Daniela Dicker
81: Text und Melodie: mündlich überliefert aus Russland
82: Text und Melodie: mündlich überliefert aus Polen, deutscher Text: Rita Mölders, Bearbeitung: Reinhard Horn, © Kontakte Musikverlag, Ute Horn, 59557 Lippstadt
83: Text und Melodie: José Feliciano, © 1970 by J & H Publishing Company Chrysalis Music Holdings GmbH, Berlin
84f.: Text und Melodie: Lötti Löttgen, © Eres Edition Musikverlag Horst Schubert, Lilienthal/Bremen
86: Text und Melodie: Lorenz Maierhofer, © Musikverlag Helbling, Rum
90: Text und Melodie: mündlich überliefert
91: Text und Melodie: mündlich überliefert aus Japan
92: Text und Melodie: mündlich überliefert aus Italien, deutscher Text: © Lorenz Maierhofer
93: Text und Melodie: mündlich überliefert
94: Text: Rita Mölders, Dorothe Schröder, Melodie: Reinhard Horn, © Kontakte Musikverlag, Ute Horn, 59557 Lippstadt
100: Text (nach irischen Vorlagen) und Melodie: Markus Pytlik, © Strube Verlag GmbH, München
101: Text und Melodie: Cesar Bresgen, © Voggenreiter Verlag, Bonn

Iakg-images GmbH, Berlin: 102.1. IAlamy Stock Photo, Abingdon/Oxfordshire: Lebrecht Music and Arts Photo Library 102.2. IAlamy Stock Photo (RMB), Abingdon/Oxfordshire: GL Archive 104.2; North Wind Picture Archives 107.1; RIA Novosti 106.1; The Art Archive 104.1. IArtothek, Spardorf: Hans Hinz 24.1. ICarlsen Verlag GmbH, München: Jörg Hilbert/Felix Janosa: Ritter Rost macht Urlaub © Carlsen Verlag GmbH, Hamburg 2012 68.1. Idreamstime.com, Brentwood: Maszas 8.3. Ifotolia.com, New York: anibal 27.1; Dario Sabljak 41.1; denys_kuvaiev 8.2; redphotopro 13.1. IGetty Images, München: Moment RM 91.1. IInterfoto, München: Sammlung Rauch 53.1. IiStockphoto.com, Calgary: 24.3; AngelRodriguez 14.1; Canning, Ken 42.1; Lambov, Dimitar 14.4; Petr Malyshev 65.2; Zakharchenko, Oleg 14.3. ILangenscheidt GmbH & Co. KG, München: Hilbert/Janosa: Ritter Rost lernt Englisch 30.1, 30.2, 30.3, 30.4, 30.5, 30.6, 30.7, 30.8, 30.9, 31.1, 31.2, 31.3, 31.4, 31.5, 31.6, 31.7. Imauritius images GmbH, Mittenwald: 89.1, 89.2, 89.6, 89.8. IPape, Lutz, Wendeburg: 89.3, 89.4, 89.5, 89.7. IPicture-Alliance GmbH, Frankfurt a.M.: akg-images 25.1; AP Images 98.1; Bildagentur-online 27.2; DEA/J. E. BULLOZ 106.2; Eventpress Bommi 75.1; Eventpress MP 9.2; Geisler-Fotopress 83.1; Pressefoto ULMER/Ulmer, Markus 9.1; Ronald Grant Archive/Evans, Mary 18.1, 18.2; Weigel, Armin 24.2. IShutterstock.com, New York: akiyoko 91.2; Andrey Yurlov 8.1; Dushenina 65.1; Edler von Rabenstein 28.2; Gunnar Rathbun 48.2; Lukasz Janyst 28.1; Ollyy 48.1, 48.3; Steven Paine 48.5; Thongchai Pittayanon 14.2; wavebreakmedia 67.1; Yeko Photo Studio 48.4.

Textquellen

34: (Stimmbildungsgeschichte): Birgit Braun-Rehm
54ff.: Textausschnitte aus: Martin Falk, © aus dem Musical „Die unglaubliche Reise mit der Zeitmaschine", ISBN: 978-3-89760-139-0, Lugert Verlag, Handorf
65: (Regen-Gedicht) © Alfons Schweiggert
74: (Zungenbrecher): mündlich überliefert
85: (Stimmbildungsgeschichte) Dorothea Zigldrum

Musik in der Grundschule

Autorinnen:
Birgit Braun-Rehm, Antje Hellmann, Dorothea Zigldrum

erarbeitet auf der Grundlage von Fidelio 2004

Illustrationen:
Dunja Schnabel und Susanne Bochem

© 2017 Bildungshaus Schulbuchverlage Westermann Schroedel Diesterweg Schöningh Winklers GmbH, Georg-Westermann-Allee 66, 38104 Braunschweig
www.westermann.de

Das Werk und seine Teile sind urheberrechtlich geschützt. Jede Nutzung in anderen als den gesetzlich zugelassenen bzw. vertraglich zugestandenen Fällen bedarf der vorherigen schriftlichen Einwilligung des Verlages. Nähere Informationen zur vertraglich gestatteten Anzahl von Kopien finden Sie auf www.schulbuchkopie.de.

Für Verweise (Links) auf Internet-Adressen gilt folgender Haftungshinweis: Trotz sorgfältiger inhaltlicher Kontrolle wird die Haftung für die Inhalte der externen Seiten ausgeschlossen. Für den Inhalt dieser externen Seiten sind ausschließlich deren Betreiber verantwortlich. Sollten Sie daher auf kostenpflichtige, illegale oder anstößige Inhalte treffen, so bedauern wir dies ausdrücklich und bitten Sie, uns umgehend per E-Mail davon in Kenntnis zu setzen, damit beim Nachdruck der Verweis gelöscht wird.

Druck A^3 / Jahr 2024
Alle Drucke der Serie A sind im Unterricht parallel verwendbar.

Redaktion: Urte Gerlach
Notensatz: prima nota, Korbach
Druck und Bindung: Westermann Druck GmbH, Georg-Westermann-Allee 66, 38104 Braunschweig

ISBN 978-3-14-**125103**-6